Klenk (Hrsg.)

Ihr Weg zur PRICING EXCELLENCE

Schritt für Schritt zu besseren Preisen und stärkerer Kundenbindung

2. Auflage

Finanz Colloquium Heidelberg, 2022

Zitiervorschlag:
Autor in: Klenk (Hrsg.), Ihr Weg zur PRICING EXCELLENCE, 2. Auflage, RdNr. XX.

Hinweis: Zur besseren Lesbarkeit und Unterstützung des Leseflusses wurde im nachfolgenden Buch auf die Verwendung des generischen Maskulinums zurückgegriffen. Selbstverständlich schließen jedoch alle Formulierungen und Personenbezeichnungen alle Geschlechter gleichermaßen ein.

ISBN: 978-3-95725-987-5
© 2022 Finanz Colloquium Heidelberg GmbH
        Im Bosseldorn 30, 69126 Heidelberg
        www.FCH-Gruppe.de
        info@FCH-Gruppe.de
Satz: Finanz Colloquium Heidelberg
Druck: VDS-VERLAGSDRUCKEREI SCHMIDT, Neustadt an der Aisch

Klenk (Hrsg.)

Ihr Weg zur PRICING EXCELLENCE

Schritt für Schritt zu besseren Preisen und stärkerer Kundenbindung

2. Auflage

Daniel Amberger
Manager
zeb/rolfes.schierenbeck.associates gmbh
Frankfurt am Main

Dr. Eddie Dubiel
Geschäftsführer
zeb.applied GmbH
Münster

Florian Hagenow
Senior Manager
zeb/rolfes.schierenbeck.associates gmbh
Münster

Frank Hippen
Geschäftsführer
Mehrwerk GmbH
Bielefeld

Maximilian Huth
Senior Consultant
zeb/rolfes.schierenbeck.associates gmbh
Frankfurt am Main

Klaus Gloger
Senior Manager
zeb/rolfes.schierenbeck.associates gmbh
Münster

Dr. Peter Klenk (Hrsg.)
Partner
zeb/rolfes.schierenbeck.associates gmbh
München

Timo Knackstedt
Senior Consultant Strategie & Organisation
zeb/rolfes.schierenbeck.associates gmbh
Frankfurt am Main

Carolin Knoop
Innovation Strategist
Sparkassen Innovation Hub
Hamburg

Niels Kokkeel
Geschäftsführer
Mehrwerk GmbH
Bielefeld

Frank Koschuth
Vorstand
Volksbank eG Bremerhaven-Cuxland
Bremerhaven

Constantin Lotz
Senior Consultant
zeb/rolfes.schierenbeck.associates gmbh
Berlin

Florian Martl
Senior Manager
zeb/rolfes.schierenbeck.associates gmbh
München

Sarah Matthies
UX-/Product Designer
zeb/rolfes.schierenbeck.associates gmbh
Münster

Patrick Pertl
Manager
zeb/rolfes.schierenbeck.associates gmbh
München

Dr. Frauke Schlütz
Seniorberaterin
compentus/ gmbh
Münster

Dr. Jörn Stöppel
Vorstandsvertreter und Bereichsleiter
Unternehmenssteuerung
Sparkasse Münsterland Ost
Münster

Christine Utendorf
Manager
zeb/rolfes.schierenbeck.associates gmbh
Frankfurt am Main

Benjamin Winter
Senior Manager
zeb/rolfes.schierenbeck.associates gmbh
München

Julian Zikmund
Senior Manager
zeb/rolfes.schierenbeck.associates gmbh
Frankfurt am Main

Finanz Colloquium Heidelberg, 2022

Ihr Weg zur PRICING EXCELLENCE 13

A. Pricing Excellence – zentrale Entscheidungsfelder und
 Erfolgsfaktoren *(Klenk/Stöppel)* 13
  I. Marktumfeld und Relevanz des Preismanagements 13
  II. Erfolgsfaktoren eines systematischen Preismanagements
   kennen und nutzen 17
   1. Erfolgsfaktor 1: Potenziale präzise kennen 18
   2. Erfolgsfaktor 2: Die Markenstärke monetarisieren 20
   3. Erfolgsfaktor 3: Preise und Leistungen differenzieren 21
   4. Erfolgsfaktor 4: Data Analytics für bessere Preisentscheidungen nutzen 22
  III. Fazit 24

B. Bessere Preise im Kreditgeschäft – kundenindividuelle
 Margentreiber nutzen! *(Klenk/Zikmund)* 25
  I. Aktuelle Situation im Zinsgeschäft verstehen und
   Herausforderungen begegnen 25
  II. Lösung – individuelle Zusatzmargen differenziert steuern 27
   1. Flexibilisierungsoptionen zielgerichtet bepreisen 27
   2. Neugeschäft und Prolongationen
    differenziert betrachten 30
   3. Dauer der Kundenbeziehung berücksichtigen 30
   4. Cross-Selling und Loyalität gewerblicher Kunden messen
    und in die Preisfindung einbeziehen 31
  III. Umgang mit zunehmender Transparenz über Wettbewerbskonditionen im Vermittlergeschäft 32
  IV. Zusammenfassung, Use Cases und Praxistipps 34

C. Erträge in der Kontokorrentlinie durch gezieltes Zusammenspiel von Zins und Bereitstellungsprovision steigern *(Amberger/Zikmund)*   36

    I. Einleitung   36

    II. Vorgehen   37

        1. Datenbank auf Einzelkontoebene aufbauen, dabei Berücksichtigung von Rahmenvereinbarungen   37
        2. Auswirkungen unterschiedlicher Provisionssätze im Kundenbestand simulieren und transparent machen   38
        3. Prüfung Höhe vereinbarter Zinssätze im Kundenbestand   39
        4. Vertragliche Ausgestaltung optimieren   40
        5. Sonderkonditionskompetenzen auf Preismodell anpassen   42
        6. Reporting aufsetzen   43
        7. Umsetzung vorbereiten   44

    III. Fazit   45

D. Verwahrentgelte zur Etablierung einer neuen Ertragssäule für Banken in Zeiten des Niedrigzinsumfelds *(Hagenow/Klenk/Knackstedt)*   46

    I. Einleitung   46

    II. Auslöser zur Einführung von Verwahrentgelten   46

    III. Einführung von Verwahrentgelten   48

    IV. Wie sich Banken und Sparkassen geschickt positionieren können   49

    V. Fazit   51

E. Revolution der Depotpreise – ertragsstarke und kundenorientierte Depotmodelle *(Winter)*   52

    I. Kundenzentrierte Depotmodelle etablieren sich am Markt   53

    II. Startpunkt Depotmodelle – Kundenbedürfnisse und strategische Rahmenbedingungen verstehen   53

    III. Depotmodelle entlang der Kundenbedürfnisse strukturieren   54

IV.	Preisbereitschaften für die neuen Depotmodelle ableiten und Preise setzen	55
V.	Strukturen und Preise – innovative Beispiele	55
	1. Klubmodell mit aufwandsbasierter Bepreisung	56
	2. Mehrstufiges Leistungsmodell mit Staffelpreisen	57
	3. Modulares Paketmodell mit Minimum- und Maximumpreisen	58
	4. Individualmodell mit Flat-Preis	59
VI.	Wesentliche Erfolgsfaktoren im Depot-Pricing	60

F. Preisdurchsetzung in Zeiten wachsender Regulatorik *(Gloger/Koschuth)* 62

I.	Die Marke Volksbank eG Bremerhaven-Cuxland	62
II.	Die Ausgangssituation	62
III.	Die Erfolgsfaktoren	62
IV.	Ein klarer Plan und der notwendige Schuss Pragmatismus	63
V.	Kundenzentrierung	63
VI.	Kommunikation/Ansprache	64
VII.	Befähigung	64
VIII.	Die Ambition	65
	1. Die Ergebnisse	65
	2. Quellenverzeichnis	67

G. Über datengestützte Produkt- und Preisoptimierung Ertragspotenziale im Girokonto realisieren *(Utendorf/Zikmund)* 68

I.	Pricing-Datenbank auf Einzelkontoebene aufbauen	68
II.	Preismaßnahmen der vergangenen Jahre berücksichtigen	70
III.	Neues Kontenangebot auf Einzelkontoebene simulieren	71
IV.	Datenbanken bei großen Datenmengen erfolgreich digitalisieren	71
V.	Kontomodelle intelligent differenzieren	72

1.	Berücksichtigung unterschiedlicher Kanäle im privaten Girokonto	72
	a) Onlinekunde (ca. 20 % bis 40 % des Kundenbestands)	72
	b) Hybridkunde (ca. 30 % bis 50 % des Kundenbestands)	72
	c) Filialkunde (ca. 20 % bis 30 % des Kundenbestands)	72
2.	Private Kontomodelle vertrieblich voneinander abgrenzen	74
3.	Kontomodelle für gewerbliche Kunden nach Nutzungsintensität differenzieren	75
4.	Gewerbliche Kontomodelle durch gezielte Anreize zur Mehrnutzung vom Wettbewerb differenzieren	76
VI.	Datennutzung und Kundenverständnis mithilfe von Data Analytics weiter ausbauen	77
VII.	Zustimmungsprozesse mithilfe von Kanalaffinitäten verbessern	79
VIII.	Abwanderungsgefährdete Kunden frühzeitig erkennen	80
IX.	Fazit	81

H. Open Banking im Zahlungsverkehr und Monetarisierungsansätze *(Hagenow/Knoop/Lotz)* 83

    I. Das Payment-Ökosystem 83

    II. Durch Monetarisierung von Zusatzservices können Banken neue Ertragsquellen erschließen 85

    III. Das ideale Giro-Ökosystem gestalten 86

    IV. Fazit: Open Banking hat den Markt nur partiell revolutioniert – aber relevante Erträge abgeschöpft 87

I. Design und Einsatz digitaler Applikationen im Pricing *(Dubiel/Matthies)* 89

    I. Warum digitale Applikationen? 89

    II. Zielgruppen und Use Cases 90

        1. Extern – Kundenperspektive 91
        2. Kunden-Betreuer-Beziehung – Perspektive Kundenbetreuung 91
        3. Finanzdienstleister – Backoffice/Marktfolge, Produktspezialisten 92
        4. Finanzdienstleister – Management und Steuerung 93

	III.	Design	94
		1. Barrierefreiheit	96
		2. Usability	96
		3. User Experience	97
	IV.	Technische Umsetzung	98
		1. Externe Lizenzierung	98
		2. Individualentwicklung	98
		3. Gruppenlösung	98
	V.	Praxisbeispiele	100
		1. Hausbankbonus	100
		2. Kontofinder	101
		3. Zustimmungslösung	102
		4. Pricing-Dashboard	102
	VI.	Quo vadis, digitales Pricing?	104
J.		„Der wahre Elefant im Raum"? – Nachhaltigkeit/ESG in Regionalbanken *(Schlütz)*	106
	I.	Einleitung	106
	II.	Was ist Nachhaltigkeit, was ESG?	107
	III.	Was wollen Kunden?	110
	IV.	Ideen für mehr ESG im Privatkundengeschäft	112
		1. Das „nachhaltige" Girokonto?	112
		2. Anlage-/Wertpapierprodukte	115
		3. Privater Kredit	116
		4. Baufinanzierungen	117
	V.	Fazit	119
K.		Das Management von Sonderkonditionen – Erfolgsfaktoren aus der Bankpraxis *(Klenk)*	120
	I.	Sonderkonditionen weit gefasst definieren	120
	II.	Transparenz über Ausgangssituation schaffen	122

III. Zielbild für das Sonderkonditionsmanagement ableiten		122
L. Erlösnavigator – Potenziale durch Optimierung der Systemeinstellungen heben *(Huth/Martl/Pertl)*		127
I. Historie und neueste Entwicklungen		127
II. Analysebausteine im Überblick		128
1. Vorstellung der Analysebausteine		128
2. Detailvorstellung Produktverschlüsselung		130
3. Detailvorstellung Buchungsverschlüsselung		130
III. Vorgehensmodell, Datenbasis, Datenmanagement und Analysetool		132
1. Vorgehensmodell		132
2. Überblick der Datenbasis		133
3. Datenmanagement und -vernetzung		133
4. Simulations- und Analysetool		134
IV. Erfahrungen und Ergebnisse aus bisherigen Projekten		135
1. Allgemeine Erfahrungen und Ergebnisse		135
2. Erfahrungen bei Genossenschaftsbanken		139
3. Erfahrungen bei Sparkassen		140
4. Erfahrungen bei weiteren Bankengruppen und im Ausland		141
V. Fazit und Ausblick		141
M. Mehrwertleistungen in digitalen und regionalen Ökosystemen als neues Spielfeld der Banken, um das Preis-Leistungs-Verhältnis neu zu definieren und Provisionserträge zu generieren *(Hippen/Kokkeel)*		143
I. Einführung in das wachsende Feld des Mehrwertmarketings		143
1. Wirksame Differenzierung mit Mehrwertleistungen anhand des Schalenmodells		143
2. Typen von Mehrwertleistungen		144
a) Rabatte, Cashbacks und exklusive Vorteile		144
b) Sicherheits- und Komfortleistungen		145
c) Einführung der grundsätzlichen Umsetzungsmöglichkeiten: Bundling und Cross-Selling		145

II.	Umsetzungsmöglichkeit 1: das Bundling	145
	1. Argumentation für höhere Bankpreise in Zeiten post-stillschweigender Zustimmung	145
	2. Der „Buffet-Effekt" im Bundling von Leistungen	146
III.	Umsetzungsmöglichkeit 2: das Cross-Selling	146
	1. Grundlagen des Mehrwert-Cross-Sellings	146
	2. Der Provisionshebel	147
	3. Die Renaissance des Telemarketings bei Banken	147
	4. Das Bank-Asset Online-Traffic optimal für Cross-Sellings nutzen	147
IV.	Die Kombination beider Umsetzungsmöglichkeiten: der Kontokonfigurator im Rahmen eines digitalen Ökosystems der Bank	148
	1. Bedarfsgerechte Leistungsauswahl für den Kunden	148
	2. Datengetriebene Kampagnen für maximale Aktivität und Zusatzertrag	148
	3. Der schnelle Weg zur Umsetzung	149

Ihr Weg zur PRICING EXCELLENCE

Schritt für Schritt zu besseren Preisen und stärkerer Kundenbindung

A. Pricing Excellence – zentrale Entscheidungsfelder und Erfolgsfaktoren

I. Marktumfeld und Relevanz des Preismanagements

Das Marktumfeld für Banken in Deutschland hat sich in den letzten Jahren deutlich verändert. Insbesondere die Finanzmarktkrise, ausgelöst durch die Subprime-Krise in den USA ab dem Sommer 2007, sowie die Eurokrise ab dem Jahr 2010 und die daraus resultierende Staatsschulden-, Banken- und Wirtschaftskrise haben zu deutlichen Verwerfungen in der Bankenlandschaft geführt. Durch Schließungen von Banken (z. B. Lehman Brothers, Kaupthing Bank) ist zudem seinerzeit das Vertrauen in die Bankenbranche massiv eingebrochen. Die Sicherheit der Einlagen bekam quasi „über Nacht" aus Sicht der Sparer eine existenzielle Bedeutung, gleichzeitig trat die bis dahin vorherrschende hohe Preissensibilität bei Einlagen spürbar in den Hintergrund. Profitieren konnten hiervon insbesondere die regional verankerten Sparkassen und Genossenschaftsbanken mit ihren Institutssicherungssystemen. Ferner hat die Europäische Zentralbank als Reaktion auf die Krisen den Leitzins sukzessive auf 0,0 % und die Einlagefazilität im September 2019 sogar auf -0,5 % gesenkt.

Durch diese Negativ-/Niedrigzinspolitik der Notenbanken haben sich die Zinsspannen der Banken in Deutschland deutlich reduziert. Konnten z. B. die Sparkassen 2000 noch einen Zinsüberschuss von 2,33 % der durchschnittlichen Bilanz-summe erzielen, ging dieser um über ein Drittel auf 1,47 % im Jahr 2020 zurück. Trotz Ausweitung des Kreditgeschäfts, Erhöhung des Provisionsüberschusses sowie Reduktion der Sach- und Personalkosten hat sich das Teilbetriebsergebnis der Sparkassen in den letzten 20 Jahren um weitere 27 Basispunkte verschlechtert (vgl. Abbildung 1).

Pricing Excellence – zentrale Entscheidungsfelder und Erfolgsfaktoren

Abbildung 1: Erfolgsentwicklung am Beispiel der Sparkassen im Zeitvergleich

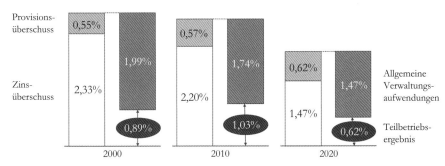

Angabe in Prozent der Bilanzsumme im Jahresdurchschnitt basierend auf den Monatsberichten („Die Ertragslage der deutschen Kreditinstitute") der Deutschen Bundesbank.

Im Jahr 2019 war der Zinsüberschuss bei den Sparkassen erstmals genauso hoch wie der Verwaltungsaufwand. Die erfolgten deutlichen Kostenreduktionen insbesondere durch Fusionen, Prozessstandardisierungen, Automatisierungen, Outsourcing, Filialschließungen sowie Personalmaßnahmen durch Ausnutzen der natürlichen Fluktuation reichen noch nicht aus – und das, obwohl der Verwaltungsaufwand in den letzten 20 Jahren um ein Viertel gesenkt werden konnte. Da die Europäische Zentralbank aufgrund der Coronapandemie an den niedrigen Zinssätzen festhält und zusätzlich günstige Finanzierungsbedingungen durch den Nettoerwerb von Vermögenswerten im Rahmen des Pandemie-Notfallankaufprogramms (Pandemic Emergency Purchase Programme – PEPP) schafft, ist davon auszugehen, dass die Zinssätze langfristig weiter niedrig bleiben werden. Die Abwärtsdynamik im Zinsüberschuss bleibt daher die nächsten Jahre hoch. Erst wenn alle Zinscoupons bei langfristigen Anlagen auf das neue niedrige Niveau gedreht worden sind, wird eine Stabilisierung des Zinsüberschusses auf niedrigem Niveau einsetzen. Ob es den Sparkassen in den nächsten Jahren gelingt, in diesem Tempo auch den Verwaltungsaufwand zu reduzieren, bleibt abzuwarten.

Die Deutsche Bundesbank und die BaFin haben im Jahr 2019 rund 1.400 kleine und mittelgroße Kreditinstitute in Deutschland zu den Auswirkungen niedriger Zinsen befragt und sie gebeten, neben der eigenen Planung fünf weitere Szenarien bis zum Jahr 2023 zu befüllen. Die Banken planten im Durchschnitt einen Anstieg der Gesamtkapitalrentabilität (Jahresüberschuss vor Steuern zur Bilanzsumme) bis 2023 um rund 10 % (2017: −16 %). Diese sehr positive Prognose kam nach Angaben der Bundesbank zustande, weil rund die Hälfte der Institute mit steigenden Zinsen kalkuliert hatte. Die Kreditinstitute, die mit einer konstanten Zinsentwicklung planten, rechnen hingegen angabegemäß mit einem Rückgang der Gesamtkapitalrentabilität um 2 %. Wenn das Niedrigzinsumfeld andauert oder sich verschärft, zeigen die Simulationen der Bundesbank, dass sich die Ertragskraft der Banken und Sparkassen in Deutschland deutlich verschlechtern würde.

Neben der Reduktion des Verwaltungsaufwands planen viele Institute, alternative Ertragsquellen im Provisionsgeschäft auszubauen, um die schrumpfenden Konditionenbeiträge im Zinsgeschäft zu kompensieren. Zum aktuellen Zeitpunkt ist zudem nicht abzusehen, wie sich die Bewertungsergebnisse und damit auch die Betriebsergebnisse der Sparkassen durch die Coronapandemie mittel- bis langfristig entwickeln werden. Das wirtschaftliche Umfeld und die Wettbewerbssituation unter den Banken werden daher anspruchsvoll bleiben, wobei dem Preismanagement in diesem Kontext sowohl auf der Kredit- als auch der Passivseite eine besondere Bedeutung zukommt.

Auf der Passivseite ist der Wettbewerb durch die Negativ- und Niedrigzinsphase aktuell praktisch zum Erliegen gekommen, da fast alle Banken – wenn überhaupt – nur noch sehr geringe Zinsen zahlen und in der Kundenwahrnehmung keine Preisdifferenzierung mehr zwischen den Banken besteht. So beträgt die aktuelle Spanne zwischen bestem und schlechtestem Zins für ein Tagesgeldkonto eines Privatkunden (ohne befristete Sonderaktionen) innerhalb der Ranglisten im Internet lediglich 0,25 Prozentpunkte. Zusätzlich begrenzen viele Anbieter den maximalen Anlagebetrag auf z. B. 50 TEUR oder 100 TEUR bzw. zahlen darüber hinaus keine Zinsen, oder es werden Verwahrentgelte erhoben. Die Insolvenz der Bremer Greensill Bank im Frühjahr 2021 hat den Anlegern zudem verdeutlicht, dass betriebswirtschaftlich höhere Zinsen typischerweise auch mit höheren Risiken einhergehen. Welche Auswirkungen diese Insolvenz auf das Kundenverhalten hat, bleibt abzuwarten.

Sehr viele Banken nutzen die Option, den Zinsaufwand zu senken, indem sie Verwahrentgelte für Einlagen vereinnahmen. Wurden in der Vergangenheit vor allem großvolumige Sichteinlagen im Firmenkundengeschäft negativ verzinst, konstatiert die Bundesbank im Monatsbericht Februar 2021 für das Jahr 2020, dass sich negative Zinsen gegenüber Unternehmen nicht mehr auf bestimmte Bankengruppen beschränken, sondern mittlerweile eine übliche Praxis sind. Eine Erhöhung der Verwahrentgelte im Firmenkundengeschäft gelingt also nur noch, indem ggf. gewährte Freibeträge gesenkt werden oder ein Aufschlag einer Marge auf die weitergereichte EZB-Einlagefazilität erhoben wird. Bei den Sichteinlagen privater Haushalte lag der Anteil der deutschen Institute, die einen negativen volumengewichteten Durchschnittszinssatz meldeten, im Dezember 2020 gemäß Bundesbank bei 42 % und hat sich gegenüber 2017 nahezu vervierfacht. Gerade bei den variablen Sicht- und Spareinlagen wird der Margendruck noch ansteigen, da die durch die üblicherweise längeren Mischungsverhältnisse höheren Opportunitätszinsen sukzessive weiter sinken werden. Der Druck, Verwahrentgelte im Privatkundengeschäft einzuführen bzw. auch hier durch Reduktion der gewährten Freibeträge zu erhöhen, steigt somit weiter an, sofern aus der Hereinnahme von Kundeneinlagen noch Erträge erwirtschaftet werden sollen. Durch die Erhöhung von Verwahrentgelten auch über die EZB-Einlagefazilität hinaus würde die Spanne zwischen den einzelnen

Pricing Excellence – zentrale Entscheidungsfelder und Erfolgsfaktoren

Kundenzinsen der Banken wieder größer, sodass dann annahmegemäß ein „normalisierter", d. h. intensiver Wettbewerb zwischen den Banken eintreten könnte. Die bekannten Instrumente der Preispolitik würden wieder greifen – unter der Voraussetzung, dass die Kunden das Geld dann nicht in Form von Bargeld horten bzw. die Sparquote „gen null" tendiert. Nur diesmal wären die Vorzeichen umgekehrt, das geringste Verwahrentgelt stünde ganz oben in der Gunst der Kunden. Die Prüfung der „richtigen Festsetzung" von Negativzinsen ist somit ein zentrales Handlungsfeld für die Preispolitik der Retailbanken (siehe vertiefend den Abschnitt zu „Verwahrentgelte zur Etablierung einer neuen Ertragssäule für Banken in Zeiten des Niedrigzinsumfelds" in diesem Leitfaden).

Ein weiteres Handlungsfeld für die Preispolitik von Retailbanken ist die perspektivische Absicherung der Kundeneinlagen bei einem möglichen Zinsanstieg. In 2020 liegen fast drei Viertel der Einlagen und aufgenommenen Kredite von inländischen und ausländischen Nichtbanken bei den Sparkassen in täglich fälligen Sichteinlagen. Zusammen mit den Termineinlagen mit einer Laufzeit von maximal einem Jahr und den Spareinlagen erhöht sich der Anteil an den gesamten Kundeneinlagen auf rund 99 %. Für das Szenario steigender Zinsen sind daher Preis- und Anlagestrategien zu erarbeiten, wie die Gelder gegen die dann aus der Vergangenheit bekannten und erwartbaren „Lockangebote" abgesichert und im eigenen Institut rentabel gehalten werden können.

Chancen für Banken, bei dem aktuellen Szenario konstant niedriger oder moderat steigender Zinsen im Kundengeschäft Geld zu verdienen, liegen insbesondere im Aktivgeschäft. Hier zeigt sich in den aktuellen Kundenkonditionen, z. B. in der Wohnungsbaufinanzierung oder im Ratenkreditgeschäft, dass sich die Banken gegenseitig unterbieten und bereit sind, geringe Margen für immer längere Laufzeiten bei einer Finanzierung zu akzeptieren. Dieser intensive Wettbewerb liefert ebenfalls zahlreiche Anknüpfungspunkte für eine systematische Preispolitik (siehe vertiefend den Abschnitt zu „Bessere Preise im Kreditgeschäft" in diesem Leitfaden).

Weitere Ertragsquellen aus einer aktiven Preispolitik liegen auch im Provisionsgeschäft. Da aktuell wieder rund 17 % der Deutschen in Aktien, Aktienfonds oder aktienbasierte ETFs investieren, was beinahe dem Wert um die Jahrtausendwende entspricht, kommt dem Wertpapiergeschäft eine hohe Bedeutung zu. Die Wertpapierprovisionen können zurzeit durch hohe Indexstände an den Weltbörsen bei volumenabhängigen Provisionssätzen, durch gestiegene Umsätze sowie zunehmende regelmäßige Wertpapiersparverträge deutlich gesteigert werden. Aufgrund des weiter stark wachsenden Wettbewerbs durch Direkt- und aktuell insbesondere Neobanken, die über attraktive Smartphone-Apps mit (nahezu) kostenlosen Angeboten besonders junge Erwachsene an die Börse locken („Generation Aktie"), ist eine passende Preissetzung im Wertpapiergeschäft ein wesentlicher Erfolgsfaktor. Das mögliche Verbot von Rückvergütungen („Payment for Order Flow") und deren Auswirkungen auf den Markt sind hierbei besonders zu beachten (siehe auch den

Abschnitt zu „Revolution der Depotpreise" in diesem Leitfaden).

Bei Girokonten ist das „Null-Euro-Konto" zu einem Auslaufmodell geworden. Neben der Einführung diverser Bedingungen/Preise für bisher kostenlose Girokonten (z. B. zusätzliche Bedingungen für Mindestgeldeingang, Onlinenutzung, Genossenschaftsanteile oder separate Preise für Kunden- und Kreditkarten) haben viele Regionalbanken, aber auch Direktbanken die bestehenden Preise teilweise deutlich erhöht. Durch das Urteil des Bundesgerichtshofs (BGH), dass Änderungen der Geschäftsbedingungen – inklusive aller Preiserhöhungen – ohne ausdrückliche Zustimmung der Kunden unwirksam sind und es nicht ausreicht, die neuen Bedingungen mit der Möglichkeit zum Widerspruch mitzuteilen, erhöhen sich die Herausforderung an Preismanager in Banken und Sparkassen weiter.

Zusammenfassend kann konstatiert werden, dass die aufgezeigten zentralen Entscheidungsfelder und Erfolgsfaktoren stark vom Pricing beeinflusst werden. Pricing Excellence in einer Bank kann hier unter den weiter herausfordernden Rahmenbedingungen den entscheidenden Unterschied zwischen einer betriebswirtschaftlich erfolgreichen und einer weniger erfolgreichen Bank ausmachen.

II. Erfolgsfaktoren eines systematischen Preismanagements kennen und nutzen

Die eingangs beschriebene Ausgangssituation verdeutlicht in eindringlicher Weise die Notwendigkeit, sich mit dem Thema Pricing systematisch(er) zu beschäftigen. Dennoch bereiten Preisentscheidungen immer noch vielen Entscheidern in Banken und Sparkassen erhebliches Kopfzerbrechen. Dies kann vielfache Ursachen haben:

- Eine fehlende oder nicht präzise formulierte Preisstrategie
- Wenig „Gefühl" dafür, was eine erfolgreich durchgeführte Preiserhöhung für die Gewinn-und-Verlust-Rechnung bedeutet
- Keine zeitnahe Transparenz über Wettbewerbsinitiativen sowie über die eigene, aktuelle Preisdurchsetzung bei Hauptprodukten
- Moderne Analysemethoden (Data Analytics, KI), die noch zu wenig auf Pricing-„Use Cases" ausgerichtet sind
- Ungenaue Kenntnis der Preis-Absatz-Funktionen für Kernleistungen/Produktfelder und damit Unklarheit, was Preisänderungen für Volumina, Stückzahlen etc. bedeuten
- Höhere Priorisierung von Kostensenkungs- oder Wachstumszielen, obwohl deren Gewinnwirkung oft deutlich schwächer als eine vergleichbare Preisanpassungsmaßnahme ausfällt
- Mangelnde Bereitschaft seitens der kundenbetreuenden Mitarbeitenden, das Thema „Preis" offensiv und idealerweise mit Rückenstärkung der Führungskräfte gegenüber ihren Kunden zu thematisieren

Vor dem Hintergrund, dass der Preis im Vergleich zu einer Vielzahl alternativer Maßnahmen als größter Stellhebel für Profitabilität gilt (vgl. Abbildung 2) und in bestimmten Szenarien z. B. die Wirkung von Fixkosteneinsparungen um das (mehr als) Fünffache übersteigt, möchten wir in diesem einleitenden Abschnitt eine grundlegende Hilfestellung zur weiteren Professionalisierung des Preismanagements geben (vgl. Abbildung 2).

Das Preismanagement als Querschnittsfunktion tangiert Prozesse und Aufbauorganisation eines Kreditinstituts in vielerlei Hinsicht. Zur Systematisierung des Preismanagements hat sich seit vielen Jahren folgende Pricing-Landkarte bewährt, die Entscheidungen im Hinblick auf die Preisstrategie, Preisfindung, Preisdurchsetzung, das Preiscontrolling sowie deren Rahmenbedingungen mit besonderem Fokus auf Mitarbeitende im Vertrieb und der IT umfassend abbildet (vgl. Abbildung 3).

Diese Strukturierung hilft auf der einen Seite bei der Aufnahme der Ist-Situation des Preismanagements in einer Bank oder Sparkasse sowie darauf aufbauend bei einer Bewertung im Hinblick auf Stärken, Schwächen, Preisanpassungspotenzial etc. Auf der anderen Seite wird sichergestellt, dass alle wesentlichen Felder bei einer Pricing-Optimierung nicht außer Acht gelassen werden – besonders die Aspekte einer systematischen Gestaltung der Preisdifferenzierung, der Pricing-Prozesse innerhalb einer Bank/Sparkasse sowie der erfolgreichen Durchsetzung von Preisen im Vertrieb.

Darüber hinaus liegt diese Strukturierung auch regelmäßigen zeb.Pricing-Studien zugrunde, um Erfolgsfaktoren und Investitionsfelder im Preismanagement zu identifizieren und einer Betrachtung im Hinblick auf die Entwicklung im Zeitablauf zu unterziehen. Schaut man sich zentrale Ergebnisse der zeb.Pricing-Excellence-Studien der Jahre 2013 bis 2021 an, die institutsspezifisch Fragen stellen wie „Wo bestehen im Vergleich zum Wettbewerb die größten Handlungsfelder?", „Was kann mit bestehenden Mitteln oder Instrumenten im Preismanagement in Angriff genommen werden?" etc., so lassen sich vier zentrale Faktoren erfolgreicher Preismaßnahmen identifizieren, die im Zeitablauf sehr stabil sind und in den folgenden Abschnitten dieses Praxisleitfadens aufgegriffen werden. Bessere Preisentscheidungen sind hierbei kein Zufall, sondern basieren auf einer bewährten Strukturierung relevanter Pricing-Aspekte sowie der gezielten Investition in Produktfelder, die durch ein hohes Mengengerüst und damit hohe GuV-Relevanz gekennzeichnet sind (z. B. Kontomodelle, Verwahrentgelte für Einlagen oder private und gewerbliche Finanzierungen).

1. **Erfolgsfaktor 1: Potenziale präzise kennen**

Ertragsstark zu sein und zu bleiben, gehört daher zu den großen Herausforderungen für Banken und Sparkassen im deutschsprachigen Raum. Dabei das richtige Preismanagement anzuwenden, ist einer der zentralen Eckpfeiler für nachhaltige Rentabilität.

Unsere aktuellen Analysen zeigen, dass mit systematischen Preisoptimierungen im Kundengeschäft erhebliche Ertragszuwächse – in Summe mindestens 3 Mio. EUR p. a. für eine mittelgroße Regionalbank mit rund 3 Mrd. EUR Bilanzsumme – erzielt werden können, z. B. durch:

Abbildung 2: Preismanagement als Stellhebel für Profitabilität (Quelle: zeb.research)

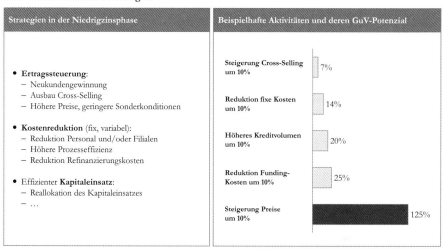

Abbildung 3: Handlungsrahmen im Preismanagement („Pricing-Landkarte")

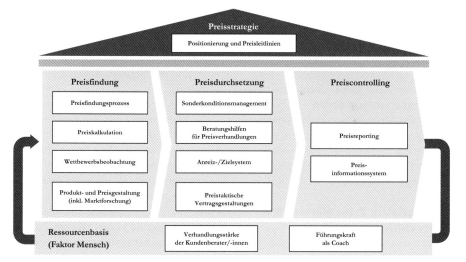

Pricing Excellence – zentrale Entscheidungsfelder und Erfolgsfaktoren

- 1,5–2 Mio. EUR p. a. – Weiterentwicklung der Privat-/Geschäftsgirokontomodelle (für ein Institut mit ca. 45.000 Privatkunden und ca. 5.500 Firmenkunden)
- 150–200 TEUR p. a. – verbessertes Individual-Pricing in gehobenen Segmenten
- 500–750 TEUR – bessere Preise im Baufinanzierungs- und gewerblichen Finanzierungsgeschäft sowie KK-Linien mit 10–20 Basispunkten Margenausweitung im Neugeschäft
- 600 TEUR p. a. je 1 Mrd. EUR DBS – Durchsetzung von Verwahrentgelten im PK- und FK-Geschäft
- 300 TEUR p. a. je 1 Mrd. EUR DBS – systematisches Management von Sonderkonditionen
- 200–300 TEUR p. a. je 1 Mrd. EUR DBS – Identifikation von fehlerhaften Parametereinstellungen im Kernbankensystem („technisches Pricing" – Erlösnavigator)
- 100–200 TEUR p. a. – bedarfsgerechte Differenzierung und Bestandsmigration in nutzertypenoptimierte Depotmodelle

Auf dieser Basis lassen sich gezielt Pricing-Excellence-Programme entwickeln, die mit der Mehrjahresplanung einer Bank oder Sparkasse synchronisiert sind und das Thema Pricing als permanente Aufgabe für das Management eines Kreditinstituts verankern.

2. Erfolgsfaktor 2: Die Markenstärke monetarisieren

Eine klare Markenpositionierung ist die Basis für eine konsistente „Brand Delivery" an allen Kontaktpunkten zu Kunden und potenziellen Kunden. Dies beinhaltet besonders den Kontaktpunkt „Beratungsgespräch", an dem meist Preisverhandlungen stattfinden und somit die Notwendigkeit gegeben ist, den Mehrwert oder Alleinstellungsmerkmale als Verhandlungsargument einfließen zu lassen. Die aktuellen Studienergebnisse zeigen jedoch, dass gerade Institute mit einer starken Marke einen deutlichen „Abrieb" erkennen lassen. Die herausragende Positionierung knickt von der Kenntnis des Markenmehrwerts bis hin zur Nutzung im Kundengespräch deutlich ein. Die starke Marke spiegelt sich daher in vielen Fällen nicht in den tatsächlich durchgesetzten Preisen wider. Institute, die ihre Markenpositionierung besser „monetarisieren", zeichnen sich nach zeb-Erfahrung vor allem dadurch aus, dass

- besonders die Führungskräfte im Vertrieb in die Pflicht genommen werden, regelmäßige Preisdialoge mit ihren Mitarbeitenden zu führen,
- regelmäßig geschult und trainiert wird, welchen Nutzen sowie Mehrwert das Institut im Vergleich zu Wettbewerbern stiftet,
- hierbei aufgezeigt wird, wie diese Nutzenkomponenten in die Preisfindung/Preisstellung einfließen,
- dargelegt wird, welche Preiseinflussfaktoren in den jeweiligen Produktfeldern bestehen und wie diese für Preisspielräume genutzt werden können,
- Methoden der Einwandbehandlung und „Überzeugung" (zur aktiven Zustimmung) bei der Einführung neuer Preismodelle eine zentrale Bedeutung zukommt sowie
- zur nachhaltigen Verstetigung und Verhaltensänderung die Selbstmotivation

der Kundenbetreuer in intelligenter Weise aktiviert wird.

3. Erfolgsfaktor 3: Preise und Leistungen differenzieren

Methoden der Preis- und Leistungsdifferenzierung dienen traditionell dazu, Zahlungsbereitschaften unterschiedlicher Kunden sowie Kundengruppen besser zu treffen. So gelingt es beispielsweise dem amerikanischen Grillhersteller Weber, der wie viele Banken und Sparkassen als hochpreisiger Qualitätsanbieter mit einem eigentlich austauschbaren Produkt gilt, der Hochpreisdiskussion auszuweichen, indem er eine Erlebniswelt um seine teuren Ankerprodukte aufgebaut. Die Preisdifferenzierung erfolgt hierbei primär über eine hohe (wahrgenommene) Angebots- und Dienstleistungsqualität. Banken können auf diese Weise von Branchen, die auf den ersten Blick weit entfernt von der Finanzindustrie scheinen, noch viel lernen. Verschiedene Arten der Preisdifferenzierung lassen sich z. B. gut auf die Girolandschaft oder auf Verwahrentgelte übertragen, sind jedoch häufig nur bei ausgewählten Instituten erfolgreich etabliert.

So hat mit Einführung des Onlinebankings auch der Einsatz von kanalbezogener Preisdifferenzierung an Bedeutung gewonnen. Die monatliche Pauschale reiner Onlinekonten, wie sie in vielen Banken und Sparkassen existieren, findet sich in der Regel am unteren Ende des Preisspektrums wieder. Eine gelungene Differenzierung zeigt beispielsweise das aktuelle Angebot der Sparkasse Münsterland Ost (vgl. Abbildung 4).

Abbildung 4: Preis-Leistungs-Differenzierung am Beispiel der Privatgirokonten der Sparkasse Münsterland Ost (Quelle: Sparkasse Münsterland Ost)

	Welches Girokonto? Reine Typfrage	GiroKOMFORT Mit dem gewissen Extra.	GiroAKTIV Einfach zum Mitnehmen.	GiroOK Einfach durchstarten.
Allgemein	Monatspreis	8,95 €	2,95 €	0,- €
	Bedingung: Geldeingang > 750 € p. M.	nein	ja, sonst 8,95 € p. M.	nein
	Bedingung: Onlinefreischaltung	nein	ja	ja
	Kontoauszüge	KAD oder ePostfach	nur ePostfach	nur ePostfach
Transaktionen	Beleglose Buchungen (ohne SB-Terminal)	0,- €	0,- €	0, -€
	Beleglose Buchungen (SB-Terminal)	0,- €	1,- €	0,25 €
	Beleghafte Buchungen	0,- €	2,50 €	1,00 €
Karten	SparkassenCard	0,- €	12,- € p. a.	0,- € p. a.
	MasterCard Standard	1 J. 0 €, dann 30,- €	30,- €	0,- €[1]
	MasterCard Gold	1 J. 50,- €, dann 85,- €	85,-€	0,- €[1]

1) Preis für Auszubildende und Studierende, sonst Preis wie GiroAKTIV | 1 Konto pro Kunde | Speziell für alle vom 18. bis zum 28. Geburtstag

Die Preisbündelung stellt ein weiteres Instrument der Preisdifferenzierung dar. Hier wird bei der Abnahme von Produkten in bestimmten Kombinationen ein Preisnachlass im Vergleich zur Summe der Einzelpreise gewährt. Um Kontoinhaber zur Nutzung weiterer Produktklassen zu motivieren, kann eine Bündelung des Girokontos beispielsweise mit einem Wertpapierdepot oder der Kreditkarte zielführend sein. Der Kunde zahlt so weniger, als wenn er die Produkte bei verschiedenen Banken zusammenstellt. Die Bank profitiert im Gegenzug von einer höheren Cross-Selling-Quote und gesteigerten Kundenloyalität.

Insgesamt offenbaren zahlreiche Girokontoangebote aber noch deutliches Optimierungspotenzial im Hinblick auf absolutes Preisniveau, die Abstände der Preise zwischen den Modellvarianten oder die konsequente Bepreisung von nutzenstiftenden Leistungsbestandteilen (siehe auch den Abschnitt „Über datengestützte Produkt- und Preisoptimierung Ertragspotenziale im Girokonto realisieren" in diesem Leitfaden).

4. Erfolgsfaktor 4: Data Analytics für bessere Preisentscheidungen nutzen

Da (richtige) Preisentscheidungen Gewinngrößen schnell und sehr stark beeinflussen, ist es essenziell, dass diese auf einer umfangreichen und intelligenten Pricing-Informationsbasis erfolgen, die je nach Bedarf zentralen und dezentralen Einheiten offensteht.

In der Bankpraxis fehlt jedoch eine dynamische Verzahnung von preis- und gebührenbezogenen Informationen mit Merkmalen aus dem CRM und aktuellem Kauf/Transaktionsverhalten. Zwar transformieren und normieren Data-Warehouse-Konzepte Ausgangsdaten in ein einheitliches Datenmodell, um benötigte Auswertungen und Analysen zu vereinfachen. Für bessere Preisentscheidungen sind jedoch häufig Detailinformationen notwendig, die nur – wenn überhaupt – in dezentralen Systemen vorgehalten werden. Daher erhält die Nutzung großer (Transaktions-)Datenbestände für Preisentscheidungen durch den vermehrten Einsatz von Pricing- und Analyse-Tools, welche die Zusammenführung unterschiedlichster Informationen für Preisentscheidungen unterstützen, neuen Schwung. Ein sehr fortgeschrittenes Beispiel für ein derartiges dynamisches Pricing ist der Onlinemarktplatz Airbnb aus Kalifornien, der seinen „Kunden" (= Vermieter von Wohnraum) umfangreiche Hilfen für bessere Preisentscheidungen zur Verfügung stellt und hierfür sein Wissen zu Kundenerfahrungen, Buchungshistorien, regionalen Besonderheiten etc. maschinell verarbeitet (vgl. Abbildung 5). Ähnlich „smart" leitet der Fahrdienst Uber kundenindividuell Preise aus einer Vielzahl von Variablen ab (vgl. Abbildung 6).

Abbildung 5: Dynamisches Pricing bei Airbnb (Quelle: Paper „Customized Regression Model for Airbnb Dynamic Pricing", KDD 08/2018, London, UK)

Kunden/Vermietende erhalten Informationen zur
- Buchungswahrscheinlichkeit
- (durchsetzbaren) Preis-Range

um Gewinn- und Buchungsausfall zu minimieren.

Hierfür verarbeitet Airbnb eine Vielzahl an Informationen
- Wohnungstyp
- Kapazität
- Reviews
- Anzahl Schlaf-/Badezimmer
- Historische Auslastung
- Wochentag/Saison
- Zeitlicher Abstand von Buchung zu tatsächlicher Nutzung
- Konkurrenzsituation
- Nutzungsdauer etc.

Abbildung 6: Dynamisches Pricing Uber (Quelle: Paper „Modeling and Analysis of Uber's Rider Pricing"; Junzhi Chao ICEMCI 2019, New Jersey, USA)

Fahrgäste bzw. Fahrer/-innen erhalten Informationen zur/zum
- Wartezeit und Fahrtzeit
- vorab definierten Preis

um das Angebot an Fahrerinnen und Fahrern und die Nachfrage nach Fahrten zu steuern sowie in Einklang zu bringen. Hierfür fließt eine Vielzahl an Informationen in die Preisgestaltung ein, z. B.:[1)]

- Verkehrssituation
- Konkurrenzsituation, d. h., wie viele Fahrer/-innen sind unterwegs
- Veranstaltungen in der Nähe
- Fahrtzeiten (z. B. Wochentag und Stoßzeiten)
- Wetterbedingungen
- Ort (Sehenswürdigkeiten)
- Nutzungshistorie
- Akkustand des Smartphones
- ...

Grundgedanke der Preisgestaltung auf Banken übertragbar

Pricing Excellence – zentrale Entscheidungsfelder und Erfolgsfaktoren

Folgt man diesem Ansatz, so kann beispielsweise im Baufinanzierungsgeschäft analysiert werden, ob sich bestimmte Kunden-, Produkt- oder Wettbewerbsmerkmale in der Vergangenheit als „Margentreiber" gezeigt haben, die zukünftig über ein statistisches Modell in einen Basispunktaufschlag oder auch abschlag transformiert werden können und damit zu einer deutlich differenzierten Preisempfehlung führen (siehe auch den Abschnitt zu „Bessere Preise im Kreditgeschäft – kundenindividuelle Margentreiber nutzen" in diesem Leitfaden).

Zudem verfügen bereits viele Häuser über eine gute Ausgangsbasis, die Vergabe von Sonderkonditionen transparent zu machen sowie diese über Fälligkeiten/Ereignisse mit kundenbetreuenden Prozessen (CRM) zu verzahnen. Bearbeitung und Abbau von Sonderkonditionen werden unterstützt, indem die relevanten Informationen auf der CRM-Startseite des Kunden angezeigt werden. Ziel ist eine möglichst geringe und effiziente Vergabe von Sonderkonditionen, z. B. durch die Definition der notwendigen „Gegenleistungen" seitens der Kunden – seien es der aktuelle Kundenwert, die aktuelle Produktnutzung des Kunden oder Cross-Selling-Versprechen.

III. Fazit

Ein systematisches Preismanagement hat unbestritten eine hohe GuV-Relevanz, wenn die aufgezeigten Erfolgsfaktoren nachhaltig in einer Bank/Sparkasse beherzigt werden – z. B. im Rahmen eines Pricing-Excellence-Programms. In den folgenden Abschnitten werden hierzu Grundlagen und mögliche Module detailliert und praxisorientiert beschrieben.

Weiterführende Literaturempfehlungen

Hagenow, F./Klemann, L./Klenk, P.: Pricing-Studie 2018 – Weg zu ertragsstarken Girokonten, in: Betriebswirtschaftliche Blätter vom 24.10.2018.

Homburg, C. (2017): Marketingmanagement. Strategie – Instrumente – Umsetzung – Unternehmensführung. 6. Auflage. Wiesbaden.

Klenk, P., Hagenow, F., Knackstedt, T.: Systematisch eine neue Ertragssäule etablieren, in: Sparkassenzeitung/BBL vom 02.09.2021.

Klenk, P.: Das Kreditpricing der Zukunft ist smart und dynamisch, in: ZfgK, Heft 21/2020, S. 29–31.

Klenk, P./Stöppel, J. (2017): Pricing Excellence im Retailgeschäft, in: Aktuelle Entwicklungslinien in der Finanzwirtschaft – Teil 2 (Hrsg. Kirmße, S./Schüller, S.), S. 583–598, Frankfurt am Main.

Klenk, P./Zikmund, J.: Preismanagement – Sparkassenmarke besser monetisieren, in: Betriebswirtschaftliche Blätter vom 22.04.2015.

Stöppel, J. (2009): Strategische Preispolitik im Retailbanking – Eine empirische Analyse am Beispiel einer Großsparkasse, Frankfurt am Main 2009.

B. Bessere Preise im Kreditgeschäft – kundenindividuelle Margentreiber nutzen!

Die Ausgangslage im Kreditgeschäft hat sich seit der letzten Auflage unseres Buchs nicht wesentlich geändert. Noch immer stellt das allgegenwärtige Niedrigzinsumfeld für Banken und Sparkassen eine Herausforderung bezüglich der Generierung auskömmlicher Nettomargen dar. Jedoch konnten fast alle Bankengruppen in den letzten Jahren – insbesondere im Rahmen der privaten Baufinanzierung – deutliche Volumenzuwächse verzeichnen. Über ein optimiertes Pricing im Kreditgeschäft können daher schon bei einer um wenige Basispunkte gesteigerten Nettomarge erhebliche und nachhaltige Ertragszuwächse erreicht werden. In der Umsetzung erweist sich ein optimiertes Pricing im Kreditgeschäft außerdem spätestens seit dem BGH-Urteil vom 27. April 2021 als vergleichsweise einfach, da die neuen Preismodelle ausschließlich im Neugeschäft wirken und ein positiver Business-Case nicht von einer etwaigen Zustimmung des Kundenbestands abhängt. Unsere zeb-Marktwahrnehmung ist, dass Banken und Sparkassen auch aus diesem Grund in den nächsten Jahren verstärkt in ein verbessertes Kredit-Pricing investieren werden. Der Trend dazu zeichnete sich bereits in der zweiten Jahreshälfte 2021 ab.

I. Aktuelle Situation im Zinsgeschäft verstehen und Herausforderungen begegnen

Zinserträge sind für den deutschen Bankenmarkt und besonders den Regionalbankensektor die dominierende Ertragsquelle mit in der Regel gut 70–75 % Anteil der gesamten Erträge – und dies, obwohl sich Neugeschäftsmargen auf aktuell sehr niedrigem Niveau eingependelt haben und Konditionenvergleiche für interessierte (Nicht-)Verbraucher mittlerweile deutlich einfacher sind.

Die typische Vorkalkulation im Kreditgeschäft stellt immer noch sehr stark auf die „Produktionskosten" (Einstand, Risikokosten, Personal-/Sachkosten, Eigenkapital- und Liquiditätskosten, Optionsprämien etc.) sowie einen in der Regel undifferenzierten „Gewinnanspruch" ab. Die in Abbildung 1 dargestellten Komponenten ähneln sich bei den wesentlichen Bankengruppen zwar, werden jedoch von Haus zu Haus im Detail unterschiedlich berechnet. Dies führt dazu, dass eine Nettomarge bzw. ein vorgegebener Gewinnanspruch immer bankindividuell zu verstehen ist und eine Vergleichbarkeit der erzielten Nettomarge zu anderen Häusern nicht gegeben ist.

Die bezüglich der Kostenkomponenten sehr granulare Vorkalkulation berücksichtigt unterschiedliche Zahlungsbereitschaften von Kreditnehmern (= Kunden) hingegen gar nicht oder nur unzureichend – so als würde man vereinfacht ein iPhone mit 250 EUR Produktionskosten einheitlich für 290 EUR als Endkundenpreis anbieten (vgl. *Klenk/Zikmund*, Betriebswirtschaftliche Blätter 2015).

In der Bankpraxis führt dies aus Ertragssicht zu sehr unbefriedigenden Ergebnissen/Geschäftskonstellationen – eine Auswahl:

Bessere Preise im Kreditgeschäft – kundenindividuelle Margentreiber nutzen!

Abbildung 1: Typische Kostenallokation im Rahmen der Vorkalkulation (Quelle: zeb. research)

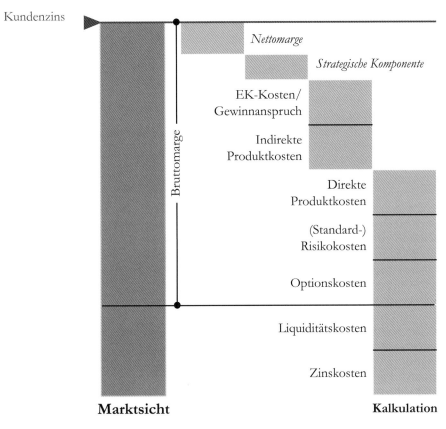

- Nettomargenunterschiede zwischen dem obersten Quantil (Top 20 %) und den unteren 20 % liegen in ein und demselben Produktfeld/Laufzeitband oft 150 bis 200 Basispunkte auseinander und zeigen eine **sehr inhomogene Preisdurchsetzung**.
- **Kunden mit sehr hoher Bonität** und hohem gewünschtem Finanzierungsvolumen können oft keine wirklichen Topkonditionen geboten werden.
- **Rundumsorglos-Pakete** in der privaten Baufinanzierung (z. B. mit 10%-Sondertilgungsoption, üppiger bereitstellungsfreier Zeit etc.) werden deutlich zu günstig oder gar nicht verkauft.
- **Volumen-/Laufzeitkombinationen** sind im Firmenkundengeschäft – gerade bei

mittelgroßen Finanzierungen bis max. 2 Mio. EUR – oft nicht adäquat bepreist und bieten deutliche Preisspielräume, sofern Größenklassen und Laufzeitdifferenzierung besser aufeinander abgestimmt werden.

- Für besonders nachgefragte Produktvarianten/-parameter existieren **keine differenzierten Gewinnansprüche** (= Nettomargen).
- Eine typische Vorkalkulation stellt zudem wenig ambitionierte „Preisanker" bereit, die darüber hinaus keine zusätzlichen Informationen für eine (mögliche) höhere Zahlungsbereitschaft beinhalten.
- Eine systematische **Messung der Preisdurchsetzung** unterbleibt, und damit können Rückschlüsse auf ggf. zu breite Kompetenzrahmen oder mögliche Vertriebsintensivierungen nicht erkannt werden.
- Bereits in der Bank oder Sparkasse vorhandene Informationen zu Kunden(segmenten), deren sonstiger Produktnutzung, Vertriebskanälen, regionalen Marktgebieten etc. werden nicht für das Pricing nutzbar gemacht.

II. Lösung – individuelle Zusatzmargen differenziert steuern

Einen Ausweg bieten eine differenzierte Ableitung und Steuerung individueller Zusatzmargen. Hierfür ist in einem ersten Schritt zu analysieren, was in einer Bank oder Sparkasse unterschiedliche Nettomargen erklärt – oder mit anderen Worten: Existieren Kunden-, Produkt- und/oder Wettbewerbsmerkmale, die eine inhomogene Preisdurchsetzung statistisch signifikant nachvollziehbar machen?

Je nach vorliegender Stückzahl/Mengengerüsten der betrachteten Kreditproduktvarianten kommt das gesamte statistische Instrumentarium in Betracht, z. B. Mittelwertvergleiche, Faktoren-/Clusteranalysen oder auch Regressionsanalysen. In einem zweiten Schritt ist zu bestimmen, wie derartige Merkmale als „Margentreiber" mit Zu- oder Abschlägen in die (Vor-)Kalkulation integriert werden und als Basis für einen Sonderkonditions-Workflow dienen können. Dieser misst im Ergebnis „echte" Preisdurchsetzung und nicht – wie aktuell oft üblich – die mangelnde Marktkonformität der bestehenden Vorkalkulation.

Unser Praxisleitfaden zeigt Ihnen in den folgenden Abschnitten 1. bis 4. anhand von vier Beispielen auf, wie Sie zielgerichtet ausgewählte Nettomargentreiber identifizieren und Potenziale heben können.

1. Flexibilisierungsoptionen zielgerichtet bepreisen

Die in vielen Instituten am häufigsten verkaufte Baufinanzierung hat regelmäßig eine zehnjährige Zinsbindungsdauer und keine oder nur sehr eingeschränkte Flexibilisierungsoptionen. Mit Flexibilisierungsoptionen stellen Sie als Sparkasse/Bank sicher, dass Ihre Kunden im Rahmen langfristiger Finanzierungsvorhaben ein höheres Maß an Sicherheit gewinnen und besser mit unvorhersehbaren Ereignissen umgehen können. Flexibilisierungsoptionen beinhalten zum Beispiel:

Bessere Preise im Kreditgeschäft – kundenindividuelle Margentreiber nutzen!

- **Sondertilgungsrecht**: Dieses ermöglicht einem Kunden jedes Jahr die Rückzahlung eines definierten Prozentwerts seines aufgenommenen Ursprungsvolumens. Durch eine Erbschaft oder Gehaltssteigerung kann der Kunde so seine Zinslast verringern und seinen Kredit entsprechend schneller tilgen.
- **Ratenpause**: Die Ratenpause ermöglicht dem Kunden für einen definierten Zeitraum das Aussetzen der monatlichen Ratenzahlung, z. B. aufgrund von Arbeitslosigkeit oder anderer finanzieller Engpässe.
- **Ratenanpassung**: Diese ermöglicht dem Kunden in definierten Bandbreiten die Anpassung der monatlichen Rate.
- **Bereitstellungsfreie Zeit**: Über eine bereitstellungsfreie Zeit wird für einen definierten Zeitraum bei nicht erfolgtem Abruf des Kreditvolumens keine Bereitstellungsprovision berechnet. Dies ist für Kunden z. B. insbesondere im Rahmen eines Immobilienkaufs vom Bauträger bzw. eigenem Hausbau interessant.

Es steht außer Frage, dass für einen Großteil der Kunden eine Auswahl und Kombination der dargestellten Optionen interessant ist und eine entsprechende Zahlungsbereitschaft besteht. Insbesondere Zeiträume mit erhöhter wahrgenommener Unsicherheit, z. B. weite Teile des Pandemiejahrs 2020, haben den Wert dieser Flexibilitätsoptionen für den Kunden nochmals deutlich vergegenwärtigt. Für Ihr Institut ist es erforderlich, diese Optionen mit einem höheren Zinssatz zu bepreisen, schließlich bestehen hier auch nicht zu vernachlässigende Einflüsse auf die erzielte Nettomarge bzw. auf den Barwert des jeweiligen Kreditgeschäfts. Die zeb-Projekterfahrung zeigt allerdings, dass die Durchsetzung entsprechender Preise in vielen Fällen nicht im Interesse des Instituts geschieht, vielmehr wird Kunden häufig hierdurch ein impliziter Preisnachlass gewährt. Eine Ausgangslage, welche in zeb-Projekten nicht unüblich ist, sieht wie folgt aus (vgl. Abbildung 2):

In Abbildung 2 wird ersichtlich, dass viele Häuser noch nicht in der Lage sind, Flexibilisierungsoptionen für Kunden zielführend zu bepreisen. Häufig werden durch Kunden mit einer „Standard"-Baufinanzierung gar die höchsten Nettomargen generiert. Um diesem Szenario gezielt entgegenzuwirken, empfiehlt sich eine aktive und genau berechnete Integration von Margenaufschlägen in das Preistableau. So wird Ihr Haus schließlich für die Bereitstellung einer Flexibilisierungsoption auch über einen entsprechenden Kundenzins kompensiert.

Eine weitere Möglichkeit zur zielgerichteten Abschöpfung von Preispotenzialen ist die Bildung von sogenannten Flexibilisierungspaketen. Über diese werden für Kunden interessante Maßnahmen in Form eines „Bundle" angeboten und verkauft. Optimalerweise bieten Sie Ihrem Kunden eine Wahlmöglichkeit zwischen verschiedenen Paketen an, die durch Inhalte und Preise ausdifferenziert sind. Abbildung 3 zeigt beispielhaft ein Angebot möglicher Flexibilisierungspakete. Ziel eines solchen Angebots ist es, Ihren Kunden eine transparente Auswahlmöglichkeit zu geben, sodass sie ein ihren Bedürfnissen entsprechendes Paket zu ihrer Baufinanzierung „hinzubuchen" können. Über den explizit genannten Zinsaufschlag wird anschließend sichergestellt, dass die Hinzubuchung eines Pakets nicht auf Kosten von Nettomarge oder Barwert der jeweiligen Finanzierung für Ihr Institut geht (vgl. Abbildung 3).

Abbildung 2: Erzielte Nettomargen mit unterschiedlichen Flexibilisierungsoptionen (Quelle: zeb.research)

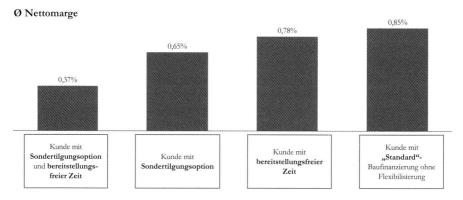

Abbildung 3: Ausgestaltung Flexibilisierungspakete (Quelle: zeb.research)

	FLEX GOLD	FLEX SILBER	FLEX BRONZE	FLEX BASIC
Jährliche Sondertilgung (in % des Ursprungsvolumens)	12%	8%	4%	2%
Änderung Tilgungsrate (während der Kreditlaufzeit)	3-mal	2-mal	1-mal	–
Aussetzung Tilgung (pro Jahr)	3 Monate	2 Monate	1 Monat	–
Bereitstellungsfreie Zeit (ohne Berechnung Bereitstellungsprovision)	12 Monate	8 Monate	4 Monate	1 Monat
Zinsaufschlag	20 BP	15 BP	10 BP	inklusive

> Bessere Preise im Kreditgeschäft – kundenindividuelle Margentreiber nutzen!

2. Neugeschäft und Prolongationen differenziert betrachten

Viele Institute unterscheiden in der Vorkalkulation noch nicht (ausreichend) zwischen Neugeschäft und Prolongation. Die zeb-Projekterfahrung zeigt jedoch, dass insbesondere Geschäfte mit kleineren Volumina ein hohes Potenzial für Margenaufschläge aufweisen. Abbildung 4 zeigt dabei beispielhaft, wie Institute anhand eines differenzierten Preistableaus Mehrerträge im Prolongationsgeschäft erzielen können. Die Perspektive der Bank, dass ein Prolongationsgeschäft im Vergleich zu einem Neugeschäft mit schlankeren Prozessen und geringerem Zeitaufwand verbunden ist, sollte dabei nicht im Vordergrund stehen. Vielmehr sollten Sie sich vor Augen führen, welche Zeit- und Aufwandseinsparungen bei Ihren Kunden mit der Prolongation des Kreditgeschäfts verbunden sind – angefangen bei nicht geführten Beratungsgesprächen mit anderen Sparkassen/Banken bis hin zu einer nicht notwendigen Übertragung der bereits eingetragenen Hypothek. Für diesen deutlich reduzierten Aufwand weisen Kunden in der Tat eine Mehrpreisbereitschaft auf, die im Rahmen eines ausdifferenzierten Preistableaus berücksichtigt sein sollte. Ein pauschaler Aufschlag in Basispunkten auf die Nettomarge ist jedoch zu kurz gesprungen – vielmehr müssen Sie diesen in das jeweilige Verhältnis zum Prolongationsvolumen setzen. Je größer das Prolongationsvolumen, desto geringer fällt der zeitliche Mehraufwand bei einem Wechsel der Bank schließlich ins Gewicht, und die Mechanismen des Markts beginnen zu greifen.

3. Dauer der Kundenbeziehung berücksichtigen

Die zeb-Projekterfahrung zeigt, dass die Dauer der Kundenbeziehung regelmäßig und über alle Volumenklassen der privaten Baufinanzierung hinweg einen deutlichen Einfluss auf die erzielte Nettomarge von Kundengeschäften hat. Dies geschieht in aller Regel ohne eine explizite Verankerung dieses Merkmals im Preistableau und wird entsprechend weitgehend über die Kompetenz der jeweiligen Baufinanzierungsberaterin bzw. deren Führungskraft gesteuert. Abbildung 5 zeigt dabei exemplarisch den regelmäßig im Rahmen eines Projekts vorgefundenen Zusammenhang zwischen Dauer der Kundenbeziehung und erzielter Nettomarge.

Die Grafik zeigt deutlich, dass Sparkassen/Banken bei ihren langjährigen Kunden regelmäßig einen deutlichen Nettomargenaufschlag realisieren. In diesem Zuge gilt es für Ihr Haus, die Dauer der Kundenbeziehung in einen strategischen Kontext einzubetten und damit zusammenhängende Ziele zu definieren. Möchten Sie beispielsweise einen definierten Neukundenrabatt gewähren, um zukünftig (zumindest in ausgewählten Segmenten) stärker wachsen zu können? Oder möchten Sie treue Kunden belohnen, indem Sie diesen einen Zinsvorteil gewähren? Treue muss dabei jedoch nicht zwangsläufig über die reine Dauer der Kundenbeziehung gemessen werden, sondern kann alternativ auch über die Nutzung ausgewählter Produktklassen bzw. als ein Maß für die Kundendurchdringung definiert werden.

Abbildung 4: Aufschlag Nettomarge bei Prolongation (Quelle: zeb.research)

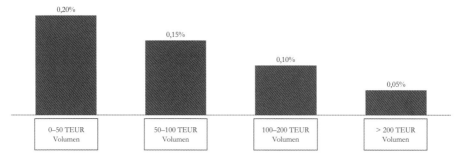

Abbildung 5: Zusammenspiel Nettomarge und Dauer der Kundenbeziehung (Quelle: zeb.research)

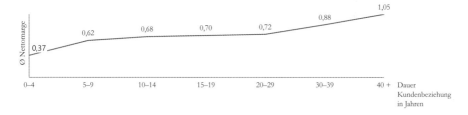

Diese und viele weitere Fragen sind im Rahmen der Ausgestaltung Ihres Preistableaus zu beantworten und zielgerichtet zu bepreisen. Damit stellen Sie sicher, dass dem Kunden angebotene Preise konform zu Ihrer Gesamthausstrategie sind. Weiterhin achten Sie so darauf, dass in der Breite eine solide Nettomarge durchgesetzt wird und Mehrpreisbereitschaften zielführend abgeschöpft sind.

4. Cross-Selling und Loyalität gewerblicher Kunden messen und in die Preisfindung einbeziehen

Insbesondere im gewerblichen Segment bietet sich neben der in Abschnitt 3. beschriebenen Berücksichtigung der Dauer von Kundenbeziehungen vor allem die Messung und Nutzung von Kundenloyalität an, um Preise im Kreditgeschäft zielgerichtet zu steuern. Sofern Ihr Institut die Kundenloyalität noch nicht regelmäßig misst und überprüft, kommen verschiedene Formen und unterschiedliche Komplexitätsgrade der Messung infrage. Eine simple Form beschränkt sich auf das reine Abzählen genutzter Produktklassen (z. B. Zahlungsverkehr, Versicherungsleistungen, Avale, Wertpapiergeschäft etc.). Zwar berücksichtigt diese Messung nicht die Wertigkeit und Intensität der genutzten Produktklassen, trotzdem zeigt sich in zeb-Projekten häufig die in Abbildung 6 dargestellte Durchsetzung durchschnittlicher Nettomargen in Abhängigkeit der Produktnutzung. Kunden ohne weitere genutzte Produktklasse sind Neukunden und erhalten wie in Abschnitt 3. einen „Neukundenrabatt". Bei einer etablierten Kundenbeziehung hingegen steigt die durchschnittlich erzielte Nettomarge zunächst an und nimmt anschließend mit zunehmender Kundendurchdringung wieder ab. Vertriebsseitig wird treuen und loyalen Kunden entsprechend häufig ein günstigerer Preis angeboten, sofern diese sich für ein weiteres Produkt im Haus entscheiden.

Eine genauere Messung der Kundenloyalität erfolgt jedoch über den erzielten Deckungsbeitrag in ausgewählten Produktfeldern. So können Sie z. B. ausgewählte Schwellenwerte definieren, ab welchen ein Kunde Ihres Hauses als loyal eingestuft und dies anschließend im Preismodell berücksichtigt wird. Eine in zeb-Projekten häufig durchgesetzte Form der Belohnung von Loyalität ist ein Margenabschlag bei Überschreitung einer Deckungsbeitragsschwelle in definierten Produktfeldern. Damit stellen Sie sicher, dass loyale Kunden weiterhin an Ihr Haus gebunden bleiben und wirken gleichzeitig einem Wildwuchs an Sonderkonditionen und Individualvereinbarungen entgegen, der möglicherweise in Ihren Büchern zurzeit noch die Oberhand hat.

III. Umgang mit zunehmender Transparenz über Wettbewerbskonditionen im Vermittlergeschäft

Für eine umfassende Abschöpfung der Zahlungsbereitschaft muss insbesondere in der privaten Baufinanzierung die zunehmende Bedeutung von Vermittlerplattformen berücksichtigt werden. Allein in den letzten drei Jahren konnten die führenden Vermittlerplattformen in Deutschland ihren Marktanteil um ca. 33 % steigern, und spätestens ab dem Jahr 2023 ist zu erwarten, dass von jedem Euro Baufinanzierungsvolumen im deutschen Markt im Durchschnitt mindestens 50 Cent über eine Vermittlerplattform laufen werden (vgl. Abbildung 7).

Die Dominanz von Vermittlern erfordert von Banken und Sparkassen eine direkte und explizite Berücksichtigung des Preisniveaus im Wettbewerb in der eigenen Konditionsfindung – je nach Größe des Hauses mit wöchentlichen oder gar täglichen Überprüfungs- und Optimierungsintervallen.

Für die Konditionsüberprüfung und -optimierung bietet sich die Erstellung eines Nutzertypenvergleichs an. In diesem werden relevante Parameter für den Wettbewerbsvergleich definiert und anschließend kombiniert. Für die private Baufinanzierung bieten sich folgende Dimensionen an:

- Finanzierungsvolumen (z. B. in folgenden Ausprägungen: 50 TEUR, 150 TEUR, 250 TEUR, 350 TEUR, 500 TEUR)
- Finanzierungs- oder Beleihungsauslauf (z. B. in folgenden Ausprägungen: bis 60 %, bis 70 %, bis 80 %, bis 90 %, bis 95 %, bis 100 %)
- Zinsbindungsdauer (z. B. in folgenden Ausprägungen: 5 Jahre, 10 Jahre, 15 Jahre)

Je nach Anzahl der gewählten Ausprägungen ergibt sich eine unterschiedliche Anzahl von Nutzertypen, welche mit den im Wettbewerb aufgerufenen Konditionen verglichen werden können. Die folgende Abbildung veranschaulicht den Vergleich für einen Nutzertyp mit 250.000 EUR Finanzierungsvolumen und zehn Jahren Zinsbindungsdauer (vgl. Abbildung 8):

Abbildung 6: Zusammenspiel Nettomarge und Anzahl genutzter Produkttöpfe (Quelle: zeb.research)

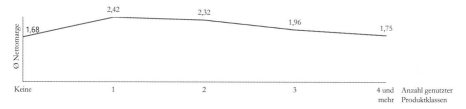

Abbildung 7: Entwicklung Marktanteile Vermittlerplattformen (Quelle: zeb.research)

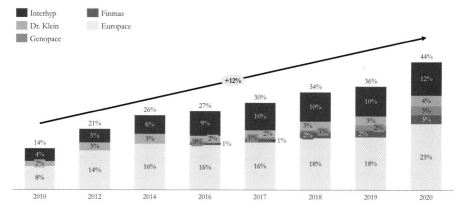

Bessere Preise im Kreditgeschäft – kundenindividuelle Margentreiber nutzen!

Abbildung 8: Nutzertypenvergleich Baufinanzierung (Quelle: zeb.research)

Fin.-Auslauf								
bis 60 %	0,72 %	0,75 %	0,84 %	0,88 %	0,99 %	1,01 %	1,11 %	1,13 %
bis 70 %	0,72 %	0,90 %	0,99 %	1,02 %	1,05 %	1,14 %	1,24 %	1,25 %
bis 80 %	0,82 %	0,90 %	0,99 %	1,02 %	1,14 %	1,15 %	1,35 %	1,40 %
bis 90 %	1,25 %	1,25 %	1,34 %	1,49 %	1,50 %	1,62 %	2,05 %	2,56 %
bis 95 %	1,40 %	1,44 %	1,50 %	1,50 %	1,62 %	1,99 %	2,05 %	2,56 %
bis 100 %	1,50 %	1,58 %	1,60 %	1,65 %	1,78 %	2,05 %	2,56 %	2,77 %

Analysiertes Institut · Wettbewerbsinstitute

Für das analysierte Volumen von 250.000 EUR offenbart der Nutzertypenvergleich dringenden Handlungsbedarf bei Finanzierungsausläufen über 95 %. Im Vergleich zum Preisniveau im Wettbewerb ist der aufgerufene Zinssatz zu günstig, und das Institut realisiert einen Preis, der unterhalb des Marktniveaus liegt. Der Vergleich sollte für weitere Szenarien (andere Volumina/Zinsbindungsdauern) wiederholt werden, um ganzheitliche Implikationen zur aktuellen Preispositionierung und zu eventuellen Handlungsmöglichkeiten zu geben. Denn nur eine konsistente Preispositionierung im Wettbewerb ermöglicht die Generierung adäquater Zinsen sowie Nettomargen und stellt sicher, dass im ohnehin preissensitiven Vermittlergeschäft die Preisdurchsetzung nicht unnötig leidet.

IV. Zusammenfassung, Use Cases und Praxistipps

Die Heterogenität der durchgesetzten Preise im Kreditgeschäft ist hoch und lässt sich durch unterschiedliche Faktoren und Margentreiber zumindest in Teilen erklären. Sie sollten daher in Ihrem Haus bereits vorhandene Daten nutzen, um eine bessere Durchsetzung von Nettomargen und damit ein profitableres Kreditgeschäft voranzutreiben. Bereits die Konzentration auf ausgewählte Margentreiber und die gezielte Verankerung im Preismodell kann dabei schon kurzfristig einen erheblichen Effekt erzielen. Dieser zahlt sich für jedes abgeschlossene Geschäft und über die gesamte Dauer der Kreditlaufzeit für Ihr Haus aus. Dass sich dies lohnt, zeigen die folgenden exemplarischen Use Cases:

1. Die Ausgangssituation einer großen Regionalbank in der privaten Baufinanzierung war auf den ersten Blick sehr auskömmlich, das bedeutete im Betriebsvergleich hohe Margen. Dennoch offenbarte eine Analyse auf Einzelgeschäftsebene, dass vergleichsweise „einfaches Geschäft" in Leerberatungen ohne Geschäftsabschluss endete. Smart Pricing für eine bessere Preis-Leistungs-Differenzierung nach ausgewählten Produkt- und Kundenmerkmalen konnte sowohl die Neugeschäftsvolumina als auch die monatlichen Bruttoerträge um mehr als 30 % steigern, ohne dass dies zulasten des eher komplexen und höherpreisigen Wohnraumfinanzierungsgeschäfts ging.
2. Eine überregionale Geschäftsbank konnte ihre Zins- und Provisionserlöse bei gewerblichen KK-Linien um über 50 % steigern und damit gerade in der jetzigen Zeit den Mehrwert/Nutzen von Liquidität für Firmenkunden adäquat monetarisieren. Wesentliche Erfolgsfaktoren waren:
   – eine präzise berechnete Senkung des Sollzinses (bei guter Bonität, aktuell hoher Normalkondition, abgeleiteten Schwellenwerten in der Linienziehung sowie weiteren kundenindividuellen Parametern) bei gleichzeitig volumengestaffelter Bereitstellungsprovision sowie
   – eine Kundenargumentation mit begleitenden Anschreiben und Produktflyern, die den Mehrwert offener Kreditlinien als wichtiges Modul im Management der eigenen Liquidität herausstellte.

Folgende Praxistipps empfehlen wir Ihnen, um in den kommenden Jahren Ihre Preisdurchsetzung im Kreditgeschäft zu verbessern und so stagnierenden Zinserträgen gezielt entgegenwirken zu können:

- Entwickeln Sie Thesen, welche Kunden-, Produkt- und Wettbewerbsmerkmale bei Ihnen für unterschiedliche Nettomargen verantwortlich sind und überprüfen Sie diese.
- Passen Sie Ihr Konditionentableau/ Ihre Kalkulationslogik so an, dass gewünschte Effekte über entsprechende Zu-/Abschläge „eingepreist" werden.
- Nutzen Sie hierzu die bestehenden technischen Möglichkeiten in Ihren Vorkalkulationsmodulen („Zusatzdaten" in MARZIPAN, „Konditionenregelwerk" in agree21 etc.).
- Messen Sie regelmäßig Ihre Preisdurchsetzung im Aktivgeschäft und verankern Sie die Ergebnisse als wichtigen Agendapunkt Ihrer Vertriebsdialoge („Preisdialog").
- Verschaffen Sie sich Transparenz über das Preisniveau im Wettbewerb und passen Sie eingesetzte Preismodelle bei Bedarf an.

Weiterführende Literaturempfehlung

Klenk, P./Hasken, A.: Kreditgeschäft – Margentreibern auf der Spur, in: Betriebswirtschaftliche Blätter vom 04.06.2014.

Klenk, P.: Das Kreditpricing der Zukunft ist smart und dynamisch, in: ZfgK, Heft 21/2020, S. 29–31.

C. Erträge in der Kontokorrentlinie durch gezieltes Zusammenspiel von Zins und Bereitstellungsprovision steigern

I. Einleitung

Die Kontokorrentlinie ist für viele gewerbliche Kunden das wesentliche Mittel zur Überbrückung kurzfristiger Liquiditätsengpässe bzw. bei kurzfristigem Finanzierungsbedarf. Durch das hohe Maß an Flexibilität ist die Kontokorrentlinie eine geschätzte Form der Kreditaufnahme, für die entsprechend Zahlungsbereitschaft besteht.

Aus Sicht der Bank ist die Kontokorrentlinie ein wesentlicher Treiber von Zins- und Provisionserträgen im gewerblichen Kundensegment. Provisionserträge werden dabei im Wesentlichen durch die sog. Bereitstellungsprovision generiert. Unter der Bereitstellungsprovision verstehen wir im Folgenden eine Provision auf den nicht in Anspruch genommenen Teil der Kreditlinie. Die alternativ auf die gesamte Linie berechnete Kreditprovision ist nach gängiger Rechtsprechung nicht mehr zulässig und daher allenfalls in Einzelfällen im Kundenbestand zu finden. Kontokorrentlinien sind mit Ausnahme zeitlich befristeter Linien grundsätzlich nicht mit Eigenkapital zu hinterlegen und auch unter diesem Gesichtspunkt – neben hohen erzielbaren Kupons – eine aus Banksicht attraktive Finanzierungsoption.

Gemäß unserer zeb-Erfahrung lässt sich die häufig vorgefundene Ausgangslage in der Kontokorrentlinie für viele Banken und Sparkassen wie folgt charakterisieren:

- Eine Bereitstellungsprovision ist nicht flächendeckend im Kundenbestand vereinbart.
- Die durchschnittliche jährliche Inanspruchnahme der Linie weist im Kundenbestand noch Potenzial auf. Zudem wurde in den Jahren 2020/2021 im Zuge der Coronapandemie ein weiterer Rückgang der Inanspruchnahme um ca. 15 % bis 20 % beobachtet.
- Ist eine Bereitstellungsprovision vereinbart, dann berücksichtigt diese häufig nicht das Volumen oder Kundensegment der jeweiligen Linie.
- Für das Neugeschäft obliegt die Vereinbarung einer Bereitstellungsprovision den Beratern, häufig noch mit einer vollständigen Verzichtsmöglichkeit im Rahmen der Sonderkonditionierung.

Mit der Einführung einer Kreditprovision werden entsprechend folgende Ziele verfolgt:

- Steigerung der durchschnittlichen Inanspruchnahme in der KK-Linie
- Realisierung von Provisionserträgen auf den nicht in Anspruch genommenen Teil der KK-Linie
- Reduktion von sog. „Luftlinien" (Linien, die kaum oder gar nicht in Anspruch genommen werden)
- Freigabe von gebundenen RWA (für zeitlich befristete Linien)
- Nutzung der Chance, die Höhe des aktuell vereinbarten Zinssatzes zu überprüfen und ggf. anzupassen

II. Vorgehen

1. Datenbank auf Einzelkontoebene aufbauen, dabei Berücksichtigung von Rahmenvereinbarungen

Ebenso wie für die Optimierung weiterer Produkte (z. B. Zahlungsverkehr, Depot, Kreditgeschäft) bietet sich auch für die Optimierung der KK-Linien der Aufbau einer Pricing-Datenbank auf Einzelkontoebene an. Die Betrachtung der Einzelkontoebene ist hier elementar, da bei einer heterogenen Produktnutzung im Kundenbestand Mittelwerte oder aggregierte Auswertungen nur unzureichende oder gar falsche Implikationen und Auswertungen zulassen. Auf Basis der Einzelkontobetrachtung ist es schließlich möglich, für jeden Kunden individuell eine optimale Kombination aus Bereitstellungsprovision und Zinssatz zu ermitteln. Dies gilt sowohl für den Kundenbestand als auch für das Neugeschäft. Die Datenbank sollte insbesondere folgende Datenpunkte beinhalten:

- Kontonummer
- Kunden-/Verbundnummer
- Vereinbarter KK-Rahmen
- Durchschnittliche Inanspruchnahme (über 12 Monate; 1 Spalte je Monat)
- Vereinbarter Zinssatz
- Vereinbarte Bereitstellungsprovision
- Kundensegment, ggf. Feinsegment
- Rating/Bonität und ggf. Ratingart
- Eventuell Rahmenvereinbarung

Auf dieser Basis können Sie erste Auswertungen zur aktuellen Nutzung der KK-Linie im Kundenbestand anfertigen, häufig mit folgenden Erkenntnissen:

- Je höher das vereinbarte Volumen ist, desto niedriger sind Zins und Bereitstellungsprovision.
- Die erfolgreiche Vereinbarung einer Bereitstellungsprovision führt zu einer durchschnittlich höheren Inanspruchnahme der KK-Linie.
- Viele KK-Linien im Bestand werden kaum oder gar nicht in Anspruch genommen.
- Wesentlicher Treiber der Inanspruchnahme ist die Bonität des Kunden – dies wird häufig jedoch nicht ausreichend im Zinssatz widergespiegelt.

Abbildung 1 zeigt beispielhaft, wie sich in einem Kundenportfolio die Inanspruchnahme der KK-Linie abhängig von der Ratingklasse des Kunden verändert. Insbesondere Kunden mit mittleren oder schlechteren Ratings weisen eine höhere Zahlungsbereitschaft auf, die bei der adäquaten Ermittlung des Zinssatzes regelmäßig berücksichtigt werden sollte.

Erträge in der Kontokorrentlinie durch Zins und Bereitstellungsprovision steigern

Abbildung 1: Zusammenhang Ratingklasse und Inanspruchnahme der KK-Linie (Quelle: zeb.research)

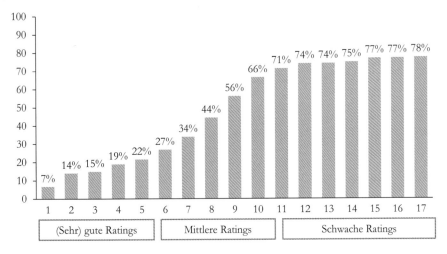

2. Auswirkungen unterschiedlicher Provisionssätze im Kundenbestand simulieren und transparent machen

Bei der Einführung einer Bereitstellungsprovision im Kundenbestand und im Neugeschäft hat es sich bewährt, die Höhe der Provision in Abhängigkeit von der Höhe des vereinbarten Kreditlimits zu differenzieren. Eine „Einheitsprovision" (z. B. 1 % für alle Linien) hat sich nach zeb-Projekterfahrung trotz ihrer Einfachheit als nicht zielführend erwiesen. Für Linien mit kleinen Volumina liegen die Zahlungsbereitschaft der Kunden und das Preisniveau im Markt häufig oberhalb von 1 %, während für (sehr) große Volumina nur Provisionssätze deutlich unter 0,5 % durchsetzbar sind. Um für Ihr Haus die optimale Höhe des Bereitstellungsprovisionssatzes je KK-Linie inkl. Ertragsaus-

wirkungen zu berechnen, bietet sich die Simulation unterschiedlicher Szenarien auf Basis der aufgebauten Pricing-Datenbank auf Einzelkontoebene an. Die zeb-Projekterfahrung zeigt, dass Sie für alle Linien mit neu eingeführter Bereitstellungsprovision von einer mittleren Reduktion des vereinbarten Volumens zwischen 20 % und 25 % ausgehen können, um eine realistische Ertragssteigerung bei Einführung zu berechnen.

Abbildung 2 zeigt die grundsätzliche Ausgestaltung und Logik der Bereitstellungsprovision abhängig von der Höhe der Kreditlinie. Die dargestellten Schwellenwerte sind exemplarisch und können je nach Kundensegmentierung, Marktumfeld und aktueller Ausgangslage im Haus teilweise deutlich abweichen.

Abbildung 2: Nach Höhe der KK-Linie differenzierte Bereitstellungsprovision (Quelle: zeb.research)

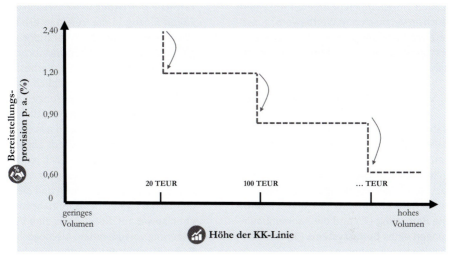

3. Prüfung Höhe vereinbarter Zinssätze im Kundenbestand

Die Einführung einer Bereitstellungsprovision setzt die Zustimmung Ihrer Kunden voraus und führt damit zwangsläufig zu einer Ansprache aller Kunden, die künftig eine Provision auf den nicht in Anspruch genommenen Teil der KK-Linie zahlen sollen. Dies bietet Ihnen die Chance, im gleichen Zug die aktuelle Inanspruchnahme und Höhe des vereinbarten Zinssatzes zu überprüfen. Bei der Betrachtung einzelner Linien fällt häufig auf, dass vereinbarter Zinssatz, Höhe der Linie, Ratingklasse und die daraus resultierende Inanspruchnahme nicht immer zusammenpassen. Beispielsweise sind in Teilen des Kundenbestands häufig noch (sehr) hohe Zinssätze vereinbart, die zu einer Nichtinanspruchnahme der Linie führen. Die optimale Höhe des gewählten Zinssatzes setzt sich nach zeb-Erfahrung aus folgenden Komponenten zusammen:

- Volumen der Linie
- Inanspruchnahme während der letzten 12 Monate
- Aktuelle Ratingeinstufung

Insbesondere Kunden mit hohen Volumina, geringer Inanspruchnahme und guten Ratings kommen so für eine Senkung des Zinssatzes infrage. Dies bietet Ihnen die Möglichkeit, den Kundendialog mit einer positiven Botschaft (Zinssenkung) zu beginnen und anschließend auf das Thema Bereitstellungsprovision überzuleiten. Abbildung 3 zeigt dabei schematisch das Muster, nach dem der Kundenbestand hinsichtlich Möglichkeiten für eine Zinssenkung analysiert wird. Bei erfolgreicher Zinssenkung und daraus resultierender gesteigerter Inan-

Erträge in der Kontokorrentlinie durch Zins und Bereitstellungsprovision steigern

spruchnahme ergibt sich für Ihr Haus und Ihre Kunden tatsächlich eine „Win-win-Situation". Ihre Kunden profitieren von einem (auch im Vergleich zum Wettbewerb) günstigeren Zinssatz, und Ihr Haus steigert die Zinserträge im Zuge der höheren Inanspruchnahme nachhaltig.

4. Vertragliche Ausgestaltung optimieren

Neben der Erarbeitung möglicher Preismodelle stellt sich die Frage einer zielführenden vertraglichen Ausgestaltung. Hierbei sollten Sie drei wesentliche Punkte beachten. Neben der Kopplung der KK-Zinsen an einen **Referenzzinssatz** (1.) sind die **zeitliche Befristung** (2.) und die Rahmenbedingungen eines **Bonussystems** (3.) mit Ihren Kunden zu vereinbaren.

1. Aktuelle Rechtsprechungen zeigen die Notwendigkeit der Kopplung des Kundenzinssatzes an einen **Referenzzinssatz** auf. Die Kopplung der KK-Zinsen an den 3-Monats-EURIBOR und die Vereinbarung einer Gleitzinsklausel (Wann und in welcher Höhe verändert sich der Zinssatz bei einer Veränderung des Referenzzinssatzes?) sind die Basis für die vertragliche Ausgestaltung. In der Regel wird mit dem Kunden eine Überprüfung und eventuelle Anpassung des Kundenzinssatzes auf 3-Monats-Basis vereinbart. Somit erfährt der Kundenzins eine Anpassung, sobald sich der Referenzzinssatz um eine vereinbarte Höhe verändert (i. d. R. 25 BP). Die relative Auswirkung auf den Kundenzinssatz ist ebenfalls Bestandteil der vertraglichen Vereinbarung.

2. Die Praxis zeigt, dass insbesondere bei der Ausgestaltung der KK-Zinsen eine **zeitliche Befristung** in den wenigsten Fällen Einzug in die Verträge erhält. Somit können positive Veränderungen (z. B. Steigerung der Inanspruchnahme, Erhöhung der Linie, Verbesserung des Ratings etc.) lediglich über Sonderkonditionsvereinbarungen honoriert werden. Von einer zeitlichen Befristung der Verträge wird aus Gründen des manuellen Aufwands abgeraten. Stattdessen bietet es sich jedoch an, Grundlagen für den Kundenzins mit den Kunden zu vereinbaren und diese einmal pro Jahr gemeinsam zu besprechen sowie auf dieser Basis eine Veränderung vorzunehmen. Als mögliches Beispiel erhält Ihr Kunde einen besseren Zinssatz, wenn sich sein Rating verbessert, seine durchschnittliche Inanspruchnahme zunimmt oder die vereinbarte Höhe der Linie steigt. Die mit Ihren Kunden vereinbarten Parameter sollten jährlich gemeinsam besprochen und der Kundenzinssatz für das kommende Jahr entsprechend angepasst werden.

3. Die vereinbarten Parameter und deren Ausgestaltung und Auswirkung auf den Kundenzins werden bereits im Vertragswerk mit Ihren Kunden vereinbart. Wichtig ist hier der Hinweis auf ein **Bonussystem** und die beidseitige Festlegung von Kunden und Bank auf den maximalen Kundenzinssatz. Abbildung 4 zeigt dabei ein beispielhaftes Bonussystem, welches die Limithöhe, die Bonität und die Höhe der Ziehung der Linie (Inanspruchnahme) berücksichtigt. Die Basis bildet der bereits

genannte **Referenzzinssatz** (1.) mit einem hausindividuellen Aufschlag. Dieser Zinssatz ist die Grundlage für Ihr Bonussystem und stellt gleichzeitig unter Berücksichtigung der Gleitzinsklausel den maximalen Kundenzins dar. Die Höhe der Zinssenkungen ist im Bonussystem verankert. So kann Ihr Kunde jederzeit nachvollziehen, welche Zinssenkungen er erhält, wenn sich z. B. sein Rating über eine vereinbarte Schwelle verbessert oder seine Inanspruchnahme einen vereinbarten Wert erreicht. Zusätzlich zum festgelegten maximalen Zinssatz ist in der vertraglichen Ausgestaltung ein Mindestzinssatz zu berücksichtigen. Aufgrund negativer Einstandszinssätze wird somit eine mögliche positive Verzinsung einer KK-Linie ausgeschlossen.

Abbildung 3: Identifikation von Linien mit Potenzial für eine Zinssenkung (Quelle: zeb.research)

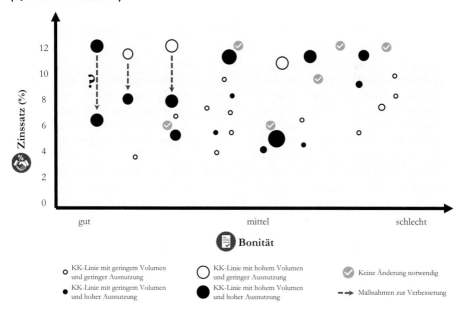

Erträge in der Kontokorrentlinie durch Zins und Bereitstellungsprovision steigern

Abbildung 4: Aufbau Bonussystem (Quelle: zeb.research)

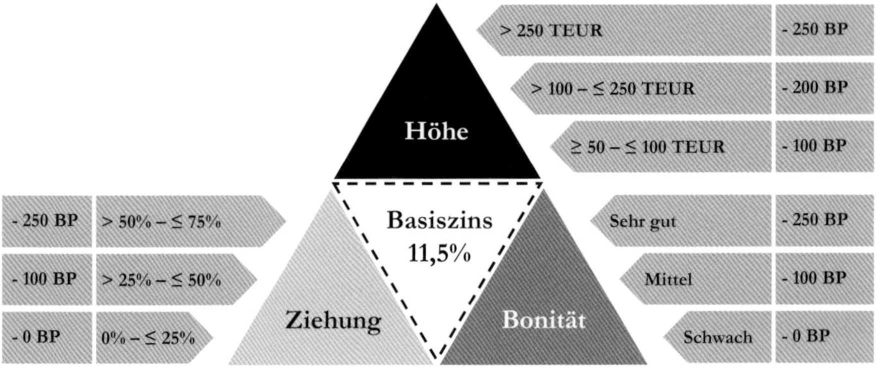

Ziehung		Höhe		Bonität	
- 250 BP	> 50% – ≤ 75%	> 250 TEUR	- 250 BP	Sehr gut	- 250 BP
- 100 BP	> 25% – ≤ 50%	> 100 – ≤ 250 TEUR	- 200 BP	Mittel	- 100 BP
- 0 BP	0% – ≤ 25%	≥ 50 – ≤ 100 TEUR	- 100 BP	Schwach	- 0 BP

Basiszins 11,5%

Auf dieser Grundlage erfolgen idealerweise eine jährliche Überprüfung der vereinbarten Parameter und eine Anpassung des Kundenzinssatzes in der vereinbarten Höhe. Durch den vertraglich festgelegten maximalen Kundenzinssatz können Ihre Kunden im weiteren Verlauf lediglich Abschläge und keine Aufschläge auf diesen Zinssatz erhalten, und Verträge müssen nicht jährlich angepasst werden.

5. Sonderkonditionskompetenzen auf Preismodell anpassen

Praxisbeispiele zeigen, dass Best-in-Class-Institute eine Durchdringung der Bereitstellungsprovision von > 95 % im Kundenbestand erreichen. Neben einer starken Vertriebsmannschaft und einem klaren Commitment ist die Ausgestaltung von zielführenden Sonderkonditionskompetenzen hier ein entscheidender Erfolgsfaktor. Sonderkonditionen werden in der Praxis – anders als in der Literatur – lediglich bei der Beantragung von Abschlägen auf die Regelpreise genutzt. Insbesondere bei der Einführung von Bereitstellungsprovisionen und der Optimierung von Kundenzinsen bei gewerblichen KK-Linien sollten Sie Sonderkonditionen äußerst sparsam gewähren. Dies setzt jedoch eine marktgerechte Bepreisung der Linien voraus, um die Preisbereitschaften der Kunden gezielt zu treffen. Sonderkonditionen sollten demnach ausschließlich für „Sonderfälle" genutzt werden, z. B. im Rahmen der Neukundengewinnung oder bei abwanderungsgefährdeten preissensitiven Kunden. Neben der Definition von sonderkonditionsfähigen Fällen ist die Höhe der Kompetenz die entscheidende Frage. Abgesehen von Kompetenzstufen wird eine stark eingeschränkte Möglichkeit von Sonderkonditionen am Markt empfohlen. Ein Abweichen von flächendeckenden Bereitstellungsprovisionen sollte analog zu erfolgreichen Häusern ausschließlich mit der Genehmigung von Bereichsleitenden oder Vorstandskompetenzen möglich sein oder auf Basis einer Besicherung der Linie gewährt werden.

6. Reporting aufsetzen

Die Einführung eines Reportingprozesses ist ein grundlegender Baustein zur erfolgreichen Umsetzung von Bereitstellungsprovisionen und risikoadjustierten KK-Zinsen. Somit dient ein abgestimmtes Reporting nicht nur zur Transparenz über

- Durchsetzungsquoten von Bereitstellungsprovisionen und
- Sonderkonditionsquoten bei KK-Zinsen,

sondern stellt auch sicher, dass Veränderungen von zins- und bereitstellungsprovisionsabhängigen Parametern (z. B. Höhe der Inanspruchnahme, Veränderung des Ratings) die vertraglich vereinbarte Zinsveränderung auf Kundenebene nach sich ziehen (vgl. Abbildung 5).

Für ein zielgerichtetes Reporting sollten Sie mit dessen Aufsatz einen fest definierten Turnus bestimmen. Die Praxis zeigt, dass ein quartalsweises Reporting die Anforderung an die Reaktionsfähigkeit und Aktualität berücksichtigt und gleichzeitig interne Ressourcen zielgerichtet einsetzt. Analog zur Datenanalyse beinhaltet das Datenset relevante Informationen auf Kontoebene, um die Veränderungen der wichtigsten drei Parameter nachvollziehen zu können. Diese sind wie bereits in Abschnitt 3. genannt:

Abbildung 5: Aufsatz Reportingprozess (Quelle: zeb.research)

Definierter regelmäßiger Datenabzug	Toolbasierte Auswertung KK-Linien	Definition Schwellenwerte	Generierung Vertriebsereignisse
• Definition eines **Datensets**, das in regelmäßigen Intervallen (z. B. quartalsweise) dem Vertriebsmanagement zur Verfügung gestellt wird • Das Datenset beinhaltet auf **Ebene der einzelnen KK-Linie** monatsweise Informationen zu **Volumen** der Kreditlinie, **Ratingnote** sowie **Inanspruchnahme**	• Es erfolgt eine Toolbasierte und **automatisierte/ standardisierte Auswertung**, welche Linien/Kunden eine **nachhaltige** • Änderung des Ratings • Änderung der Inanspruchnahme aufweisen	• Über die Definition segmentspezifischer **Schwellenwerte** wird sichergestellt, dass Kunden mit nachhaltiger Änderung von Ratings und/oder Inanspruchnahme identifiziert und zur **Ansprache dem Vertrieb vorgeschlagen werden** • Der Vorschlag für einen neuen/**adäquaten Zinssatz** wird dem/der Kundenberater/-in zur Verfügung gestellt	• Die identifizierten Kunden werden dem Vertrieb über ein **Ereignis im Kernbanksystem/ CRM-System** transparent gemacht • Die Ansprache wird über die **Führungskräfte** nachgehalten

Erträge in der Kontokorrentlinie durch Zins und Bereitstellungsprovision steigern

- Volumen der Linie
- Inanspruchnahme
- Aktuelle Ratingeinstufung

Die Veränderungen können Sie mittels eines hierfür erstellten Tools untersuchen, um den manuellen Aufwand so gering wie möglich zu halten. Innerhalb des Tools erfolgt eine genaue Dokumentation von Veränderungen auf Kontoebene und damit auch ein Vorschlag für einen neuen/adäquaten Zinssatz – basierend auf den individuellen Merkmalen des Kunden/Kontos. Die Veränderungen werden im Anschluss Ihrem Vertrieb über das jeweilige CRM-System zur Verfügung gestellt.

Abschließend ist zu betonen, dass ein zielführendes Reporting nicht dazu verwendet werden sollte, um den Vertrieb zu „kontrollieren". Ein Reportingprozess sollte vielmehr dazu genutzt werden, auf Kundenbedürfnisse schneller reagieren und dem Kunden die bestmögliche Lösung bieten zu können. Dadurch stellen Sie eine Optimierung der Zins- und Provisionserträge sicher.

7. Umsetzung vorbereiten

Wie bereits in Abschnitt 3. erwähnt, setzt die Einführung einer Bereitstellungsprovision die Zustimmung des Kunden voraus. Durch die Grundlage der beidseitigen Vertragsveränderung und der damit einhergehenden persönlichen Ansprache Ihrer Kunden erhält die Vorbereitung der Umsetzungsphase einen hohen Stellenwert in der Optimierung der KK-Linien. Ein wesentlicher Erfolgsfaktor ist dabei der Einbezug Ihres Vertriebs in die Erstellung von Kundenlisten. Insbesondere bei der Einführung von Bereitstellungsprovisionen in Verbindung mit einer Anpassung der KK-Zinsen können Kunden aufgrund des Mehr- oder Minderaufwands p. a. von KK-Zinsen und Bereitstellungsprovision in „Gewinner" und „Verlierer" unterteilt werden. Dieses Vorgehen verfolgt die Frage, welche Kunden zuerst auf das neue Preismodell angesprochen werden sollten.

Gewinner sind jene Kunden, die nach Anpassung der KK-Linien geringere Zins- und Provisionskosten als im Status quo haben. Die Berechnung der Vergleichsgrößen erfolgt auf Basis der zu Projektbeginn aufgebauten Datenbank auf Einzelkontoebene. Ausgehend von einem geringen Widerstand der Gewinner-Kunden sollten Sie im nächsten Schritt einen differenzierten Blick auf die „Verlierer" des neuen Preismodells werfen.

Verlierer sind demnach Kunden, die nach der Anpassung höhere Zins- und Provisionskosten haben. Diese Kundengruppe beinhaltet noch eine weitere Untergruppe. Die sog. „Dialogkunden" bilden i. d. R. 15 % bis 20 % der „Verlierer" ab und sind durch einen Mehraufwand von mindestens 500 EUR p. a. gekennzeichnet. Zwei Gründe sprechen dafür, Ihre Dialogkunden zu Beginn der Umsetzungsphase anzusprechen.

1. Mit diesen Kunden erwirtschaften Sie einen Großteil Ihrer zukünftigen Erträge im KK-Bereich. Dies setzt eine individuelle und sensible Ansprache durch die Berater voraus, um eine bestmögliche Durchdringungsquote zu erreichen.
2. Die Dialogkunden sind meist durch hohe Linienvolumina charakterisiert

und somit durch eine (absolut) hohe Bereitstellungsprovision. Insbesondere bei diesen Kunden bestehen häufig bereits Sonderkonditionen, welche im Zuge der Kundenansprache berücksichtigt werden können.

Für alle genannten Kundengruppen bietet sich die Erstellung von sog. „Sales Stories" an. Diese greifen die jeweilige Kundensituation (z. B. Zinssenkung und Einführung einer Bereitstellungsprovision bei Gewinner-Kunden) auf und machen Ihren Kunden die Mehrwerte des Produkts nochmals transparent. So eignet sich die vorgenommene Zinssenkung gut für einen Einstieg in die Kommunikation (bei persönlicher Ansprache oder auch im Brief), aber auch die jederzeit durch die KK-Linie bereitgestellte Liquidität ist ein guter Anknüpfungspunkt. Die adäquate Bepreisung einer solchen Leistung ist in der Kundenkommunikation dann logische Konsequenz und Schlussfolgerung.

Neben der Erstellung von Kundenlisten sind Zeitpunkt sowie Zeitraum der Einführung weitere wichtige Erfolgsfaktoren. Erfolgreiche Einführungen sind meist geprägt durch die Kopplung an bereits vorhandene Vertriebsaktionen. Hier kann auf bestehenden Kommunikationsmaßnahmen und Hilfsmitteln aufgebaut werden. Dieses Vorgehen hat sich in der Vergangenheit bewährt. Wenn Ihrem Vertrieb eine ausreichend lange Zeitspanne für die persönliche Ansprache gewährt wird (i. d. R. 12–18 Monate), steht einer erfolgreichen Umsetzung nichts mehr im Wege.

III. Fazit

Die Optimierung der Kontokorrentlinie ist ein laufender Prozess. Für die effektive Steuerung Ihres Vertriebs benötigen Sie ein gezieltes Reportingtool. Je nach Ausgangslage gelingt Ihnen durch Anpassung der Provisions- und Zinsvereinbarungen damit

- eine Steigerung der durchschnittlichen Inanspruchnahme in der KK-Linie um 5 bis 15 Prozentpunkte auf Portfolioebene,
- eine Durchdringung von über 95 % der eingerichteten Linien und Volumina mit einer je nach Höhe des KK-Volumens differenzierten Bereitstellungsprovision und
- eine Steigerung der Gesamterträge aus der KK-Linie zwischen 10 % und 25 %.

D. Verwahrentgelte zur Etablierung einer neuen Ertragssäule für Banken in Zeiten des Niedrigzinsumfelds

I. Einleitung

Das Jahr 2021 war durch eine rasante Adoption von Verwahrentgelten geprägt. Zum Ende des Jahres waren es bereits rund 530 Banken und Sparkassen, welche die umgangssprachlich bezeichneten „Negativzinsen" an ihre Kunden weitergaben – Tendenz steigend. Damit begann nach Jahrzehnten, in denen Kunden Zinsen auf ihre Einlagen erhalten haben, eine Trendwende. Dies geschieht als Reaktion auf die stetig steigenden Kundeneinlagen und Sparprodukte, welche sich seit dem Jahr 2000 fast verdoppelt haben, während sich der Leitzins auf einem historisch niedrigen Tiefpunkt befindet.

Gleichzeitig gab es 2021 zwei relevante Gerichtsurteile für Verwahrentgelte: zum einen durch das Grundsatzurteil vom BGH Ende April 2021 (Az.: XI ZR 26/20), welches bei Anpassungen von bereits eingeführten Entgelten ebenfalls die aktive Zustimmung der Kunden vorschreibt, und zum anderen das Urteil vom LG Berlin (16 O 43/21) am 02.09.2021, indem die Sparda-Bank Berlin zu einer Rückzahlung von nicht rechtens erhobenen Verwahrentgelten verurteilt wurde. Ob und inwieweit dieses Urteil als richtungsweisend zu bewerten ist, bleibt mit Blick auf kommende Urteile abzuwarten. Es zeigt jedoch, dass das Vorgehen, Einlagen in Anlagen umzuwandeln – insbesondere vor dem Hintergrund der Rechtsprechung –, ein wesentlicher Bestandteil der Verwahrentgeltstrategie sein sollte.

II. Auslöser zur Einführung von Verwahrentgelten

Seit 2009 können konstant sinkende Zinsen am Markt (vgl. Abbildung 1) beobachtet werden, welche Ende 2021 ein historisch niedriges Niveau von -0,5 % erreicht haben.

Zur selben Zeit ist ein gegenteiliger Trend bei den Kundeneinlagen der Banken und Sparkassen zu beobachten, die sich – trotz de facto Nullzins auf Einlagen und Sparprodukte – seit dem Jahr 2000 fast verdoppelt haben. Wird die Entwicklung von 2019 zu 2020 betrachtet, lässt sich erkennen, dass die Einlagen bei Banken und Sparkassen in diesem einen Jahr um rund 5 %[1] zugelegt haben. Zusätzliche Konjunkturprogramme zur Eindämmung der Folgen durch COVID-19 spülen dazu weitere milliardenschwere Geldmengen in die Märkte und verstärken damit den Trend – bislang ohne Indikation für eine Trendwende. Wenn keine Gegenmaßnahmen etabliert werden, würde der Zinsüberschuss stetig weitersinken, wohingegen die Kosten für das Parken von Kundeneinlagen kontinuierlich wachsen würden (vgl. Abbildung 2).

---

[1] zeb.research, Statistisches Bundesamt.

Abbildung 1: Zinsentwicklung von 2009–2021 (10J-Swapsatz vs. 3M-EURIBOR; Quelle: Thomson Reuters, zeb.research)

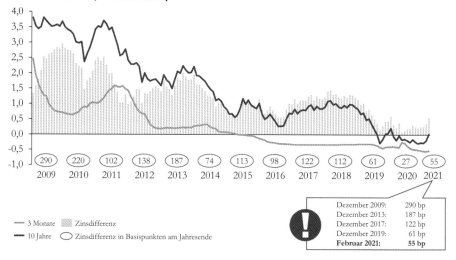

Abbildung 2: Zins- und Kundeneinlagenentwicklung 2010–2020 (10J-Swapsatz vs. 3M-EURIBOR; Quelle: Thomson Reuters, Statistisches Bundesamt)

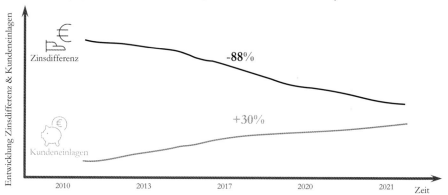

III. Einführung von Verwahrentgelten

Um dieser Entwicklung entgegenzuwirken, wurde als eine Maßnahme die Weitergabe des Einlagenzinses an den Endkunden als sogenanntes Verwahrentgelt von einigen Banken und Sparkassen beschlossen. Im Markt konnten unterschiedliche Herangehensweisen an diese Thematik festgestellt werden. Wenngleich es bereits seit einigen Jahren bei Firmenkunden mit großen Volumina vereinzelt Vereinbarungen dazu gab, blieb der Privatkundenbereich bis dato davon unberührt. Das änderte sich ab 2019, als bei manchen Finanzinstituten die Einführung von Verwahrentgelten für Neukunden im Privatkundengeschäft in den Fokus rückte. Im Oktober 2019 nahm die Zahl der Institute schlagartig zu, und immer mehr Banken und Sparkassen führten Verwahrentgelte ein (vgl. Abbildung 3).

Es ist zu beobachten, dass bei der Einführung von Verwahrentgelten zwischen Neu- und Bestandskunden differenziert wird. In vielen Fällen werden diese bei Neukunden grundsätzlich vereinbart, bei Bestandskunden wird vorerst eine Ansprache zur Vertragsanpassung angestoßen. In 2019/2020 war zu erkennen, dass zunehmend Kundeneinlagen ab einem Volumen von 100.000 EUR bis 250.000 EUR mit einem Verwahrentgelt von 0,1 % bis 0,5 % bepreist wurden. Zur Jahreshälfte von 2020 konnte eine deutlich steigende Dynamik im Markt verzeichnet werden, und die Freibeträge für Privatkunden wurden häufig auf 50.000 EUR oder geringer angesetzt – bei einer direkten Weitergabe der -0,5 % Zinsen auf die Einlagen. Im Dezember 2021 hatten bereits 530 deutsche Finanzinstitute ein Verwahrentgelt mehrheitlich in Höhe von 0,5 % eingeführt. Bei den Sparkassen in Deutschland weisen Verwahrentgelte bereits eine Durchdringung von rund 46 % auf. In absoluten Zahlen ausgedrückt sind das rund 170 von 371 Sparkassen, die im Dezember 2021 den sogenannten Negativzins für ihre Kunden etabliert haben. Bei den genossenschaftlichen Banken ist die Durchdringung auf einem ähnlichen Niveau und beträgt rund 40 %.

Die Relevanz des Themas kann auch bei den IT-Dienstleistern beobachtet werden, welche die Einführung von Verwahrentgelten im deutschen Markt bei den Sparkassen durch die Finanz Informatik und bei den genossenschaftlichen Banken durch die Atruvia unterstützen. So kann neben der bisher verfügbaren Konto- und Personenebene nun der maximal adressierbare Gesamtbetrag durch Integration der Verbundebene vergrößert werden. Damit sind die technischen Voraussetzungen gegeben, und auch die Anzahl der einführenden Finanzinstitute ist derzeit noch weiter steigend – doch wie können sich Banken und Sparkassen intelligent positionieren, um die aktuelle Situation als Chance zu nutzen?

Abbildung 3: Anzahl der deutschen Banken mit Verwahrentgelten (inkl. Firmen- und Privatkunden; Quelle: zeb.research)

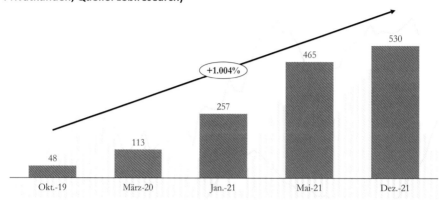

IV. Wie sich Banken und Sparkassen geschickt positionieren können

Dass Banken und Sparkassen unter starkem Zugzwang stehen, scheint unumstritten. Die Einführung von Verwahrentgelten ist allerdings nicht nur als Instrument zur „Kostenneutralisation" hilfreich, sondern kann auch gezielt zur Umschichtung von Kundeneinlagen genutzt werden. Insbesondere in Zeiten mit einer höheren Inflation sinkt die Kaufkraft der Kundeneinlagen von Jahr zu Jahr signifikant. Die vom Statistischen Bundesamt veröffentlichte Inflation im Oktober 2021 betrug 4,5 %[2]; gepaart mit den 0,5 % des Verwahrentgelts würde die Kaufkraft von Kundeneinlagen somit pro Jahr um 5 % sinken. Finanzinstitute könnten diese Situation dazu nutzen, Kunden zu informieren und sie von einer anteiligen Umschichtung ihrer Einlagen in ein Depot zu überzeugen.

Viele Banken und Sparkassen nutzten das Potenzial dieser Kundenansprache nicht und führten stillschweigend Verwahrentgelte ein. Mit dem Urteil (Az.: XI ZR 26/20) Ende April 2021 hat der Bundesgerichtshof eine klare Richtung vorgegeben. Konkret geht es dabei um die Zustimmungsfiktion, welche nun die Konsequenz nach sich ziehen könnte, dass Freibeträge und Zinssatz nicht mehr ohne eine aktiv gegebene Kundenzustimmung adaptiert werden können. Das schärft umso mehr die Relevanz eines zukunftsfähigen Konzepts bezüglich Verwahrentgelte, da nachträgliche Anpassungen erschwert werden könnten. Ein Wettbewerbsvergleich mit zwei bis drei

---

[2] zeb.research, destatis.de.

Verwahrentgelte zur Etablierung einer neuen Ertragssäule im Niedrigzinsumfeld

direkten Konkurrenten im Umkreis dient bei manchen Banken und Sparkassen als Grundlage für die Definition der Freibeträge und der Höhe des Verwahrentgelts.

Es stellt sich dann immer die Frage nach dem richtigen Vorgehen. Durch die Begleitung zahlreicher Banken und Sparkassen konnten fünf zentrale Herausforderungen beobachtet werden: Identifikation von Muss- und Kann-Kunden, ungeplante Kundenansprache ohne klares Ziel, kostenintensive Vertriebsstrecken, pauschale Verwahrentgelte für alle Kunden unabhängig von der Profitabilität sowie Schwierigkeiten beim Angebot alternativer Produkte. Basierend auf unserer Projekterfahrung empfehlen wir daher grundsätzlich einen fünfstufigen Ansatz:

1. **Welche Kunden sind anzusprechen?** Analyse der Privat- und Firmenkunden hinsichtlich Profitabilität und Klassifizierung in Muss- und Kann-Kunden für Verwahrentgelte.
2. **Wie können verhaltensbasierte Preismodelle entstehen?** Entwicklung eines differenzierten Preismodells zur Belohnung und Bindung von guten Kunden mit hoher Produktnutzung durch attraktive Konditionen anstatt Einsatz von pauschalen Freibeträgen.
3. **Wie und mit welchem Ziel sind diese Kunden anzusprechen?** Maßgeschneidertes Kommunikationskonzept zur Ansprache inkl. Regelwerk für Sonderkonditionen und Ablehnungen sowie Incentivierung zur Umschichtung hin zu Alternativprodukten.
4. **Wie können Kunden kosteneffizient erreicht werden?** Digitale Vertriebsstrecken für die Kundenkommunikation und auch für Produktanpassungen wie z. B. das Umschichten von Einlagen in Depots sparen Geld und sind skalierbar.
5. **Welche Produktanpassungen sind vorzunehmen?** Adaption der bestehenden Produkte wie Sparkonten, neue Regularien wie z. B. Guthabenhöchstgrenzen oder das Anbieten von provisionsertragsbringenden Produkten.

Mithilfe eines durchdachten Vorgehens, welches die fünf Schritte einbezieht, kann die derzeitige Situation im Markt genutzt werden, um erfolgreich eine Kostenneutralisation des Einlagenzinses durchzusetzen. Zudem besteht gleichzeitig die Chance, sich von der Konkurrenz abzuheben, welche lediglich auf pauschale Freibeträge und Zinssätze setzt. Kunden mit einer hohen Produktnutzungsquote könnten durch pauschale Freibeträge verärgert werden, was für Banken und Sparkassen mit einem differenzierten Ansatz (z. B. einem Vorteilskonzept) zu einem Zugewinn an attraktiven Kunden führen könnte. Dadurch haben Finanzinstitute die Möglichkeit, sich geschickt zu positionieren und nicht nur die durch Einlagezinsen entstehenden Aufwände auszugleichen, sondern über cleveres Incentivieren der Kunden zusätzliche Provisionserträge zu erzielen und das Wertpapiergeschäft zu stärken. Eine tiefe Analyse der Kundenstruktur, differenzierte und verhaltensbasierte Preismodelle, die richtige Kommunikation über kosteneffiziente, digitale Vertriebsstrecken und entsprechende Produktanpassungen entscheiden dabei über Erfolg oder Misserfolg bei der Einführung und Durchsetzung von Verwahrentgelten.

V. Fazit

Durch die stetige Verschärfung der Marktbedingungen wie z. B. steigende Kundeneinlagen, Inflation und sinkende Zinsen werden Verwahrentgelte aktuell von immer mehr Banken und Sparkassen für Privat- und Geschäftskunden eingeführt. Der Bundesgerichtshof hat Ende April 2021 mit seinem richtungsweisenden Urteil (Az.: XI ZR 26/20) zur Zustimmungsfiktion weiterhin dafür gesorgt, dass Freibeträge und Zinssatz zukünftig wohl nicht mehr ohne die aktive Zustimmung des Kunden angepasst werden können. Daher gilt es nun umso mehr, eine gute Strategie hinsichtlich Verwahrentgelte auszuarbeiten, da nachträgliche Änderungen erschwert werden könnten.

Finanzinstitute können sich allerdings geschickt platzieren und nicht nur entstehende Kosten neutralisieren, sondern durch zielgerichtete Kundenansprache eine anteilige Umschichtung von Kundeneinlagen in Wertpapierdepots anstoßen, um zusätzliche Provisionserträge zu generieren. Dabei ist eine frühzeitige und strategische Positionierung wichtig, um auch für eventuell steigende Zinsen zukunftssicher aufgestellt zu sein. Basierend auf zeb-Projekterfahrungen kann für eine typische Regionalbank mit einer durchschnittlichen Bilanzsumme von 3 Mrd. EUR – bei einer konservativen Schätzung – mindestens ein Potenzial in Höhe von 1.400 TEUR p. a. realisiert werden. Um dies zu erreichen, wird ein fünfstufiger Ansatz für die Ausgestaltung der zentralen Dimensionen empfohlen.

E. Revolution der Depotpreise – ertragsstarke und kundenorientierte Depotmodelle

Das Wertpapiergeschäft entwickelt sich für Banken immer weiter zu einer wesentlichen Ertragssäule und zu einem strategisch wichtigen „Ventil" in der Vermeidung hoher Bestände bei Kundeneinlagen. Steigende Vermögenswerte, Kursrallye, eine neue Anlegergeneration und Negativzinsen mit einhergehenden Verwahrentgelten unterstützen diesen Trend. Dennoch stehen große Teile der Sparer Wertpapieren nach wie vor skeptisch gegenüber, und trotz aller positiven Entwicklungen beklagen Banken weiterhin den hohen Margendruck bzw. verzeichnen überschaubare Depotquoten. Erklärungen hierfür liefern vielerlei Herausforderungen, die insbesondere durch regulatorische Rahmenbedingungen, gestiegene Kundenanforderungen und neue Wettbewerber aufgekommen sind und nicht zuletzt durch die Coronapandemie beschleunigt wurden.

So impliziert das derzeitige Marktumfeld eine Bedrohung der aktuellen Vertriebs- und Erlösmodelle; steigende regulatorische Anforderungen (insb. MiFID II) spiegeln sich in zunehmender Komplexität bzw. wachsenden Aufwänden im Vertrieb von Wertpapieren wider und reduzieren gleichzeitig gängige Erlösmöglichkeiten in Form von Zuwendungen, die über das Zuwendungsregister der Banken oftmals nicht mehr ausreichend aufgefangen werden können.

Grund zur Verunsicherung geben insbesondere auch der immer besser werdende Marktüberblick der Kunden und das Angebot neuer Wettbewerber. Passt die angebotene Leistung nicht zu den eigenen Bedürfnissen, reagieren Kunden verstärkt preissensitiv und fordern übersichtliche und transparente Gebührenstrukturen. Frustrierte und preissensible Kunden finden sich dann bei den aufstrebenden Robo Advisors oder bei Gratis-Trading-Modellen der Neobroker wieder, die durch schlanke und transparente Gebührenstrukturen überzeugen.

Neobroker haben sich dabei nicht nur für preissensible Kunden zu einer echten Alternative im Vergleich zu klassischen Brokern oder Finanzinstituten entwickelt, sondern auch eine ganz eigene Zielgruppe junger Börseneinsteiger erschaffen. Diese Neobroker fokussieren sich in erster Linie auf ein extrem simplifiziertes und auf das Wesentliche reduzierte Trading-Angebot. Hier steht der einfache Zugang für alle und der unkomplizierte Handel auf einer schlanken und benutzerfreundlichen Oberfläche im Vordergrund. Getreu dem Motto „Tap-Tap-Trading" erfolgt der Handel in nur drei Schritten am Smartphone. So hat eine neue Anlegergeneration, die über diese Neobroker immer einfacher und schneller Zugang zum Markt findet, die coronabedingte Quarantänezeit genutzt, um vom Sofa aus spielerisch zu „traden".

Aber nicht nur der FinTech-Markt etabliert sich weiter, auch der bestehende Wettbewerb reagiert auf das veränderte Wettbewerbsumfeld und stellt Preis- und Leistungsstrukturen um. Traditionelle Finanzinstitute arbeiten weiter an ihrer Differenzierung, da sich die reine Verwahrung und Ausführung immer mehr zum Commodity entwickeln. Für eine erfolgreiche preisliche Differenzierung am Markt müssen vor allem Beratungs- oder Mehrwertleistungen in den Vordergrund gestellt und über smarte, kundenorientierte Gebührenmodelle vermarktet werden.

I. Kundenzentrierte Depotmodelle etablieren sich am Markt

Einige Banken sehen diese Herausforderungen bereits als Chance; sie lösen sich verstärkt von ihrem traditionellen Einheitspreismodell, das über alle Kundengruppen und Leistungen hinweg ein gleich geltendes Preis- bzw. Leistungsverzeichnis vorsieht. Zur selben Zeit werden die Kundenanforderungen dieser neuen Wertpapierkultur aufgegriffen und gezielt über kundenzentrierte sowie kanalübergreifende Leistungsmodelle adressiert. Neu dabei ist: Es werden Kundenbedürfnisse in den Mittelpunkt der Modellgestaltung gestellt, und der Kunde kann das für ihn passende Leistungsmodell wählen. Der entscheidende Vorteil: Die Leistung und nicht der Preis steht dabei im Vordergrund.

Entscheidend dafür, ob ein kundenzentriertes Leistungsmodell vom Markt angenommen wird, sind die Übereinstimmung der angebotenen Leistungen mit den tatsächlichen Kundenbedürfnissen, eine nachvollziehbare Struktur, passende Preise und letztlich die erfolgreiche Überleitung der Bestandskunden in die neue Modellwelt.

II. Startpunkt Depotmodelle – Kundenbedürfnisse und strategische Rahmenbedingungen verstehen

Um ein Leistungsmodell bedarfsgerecht aufzubauen, müssen die Kunden zuallererst in ihrer Vielfalt verstanden werden; was wollen Kunden, wie und in welchem Umfang wollen sie die Leistung beziehen sowie in welcher Frequenz bzw. zu welchem Zeitpunkt? Um die herausgearbeiteten Kundenbedürfnisse dann mit dem Produkt- und Serviceportfolio der Bank zu verknüpfen, sind zudem die strategischen Rahmenbedingungen der neuen Depotmodelle zu definieren.

Wesentliche Erkenntnisse zu den Kundenbedürfnissen liefert in der Regel der Aufbau einer Datenbank auf Depotebene. In dieser werden dann Bestände (Giro-, Tagesgeld-, Festgeld-, Verrechnungskonto und Depotbestände etc.), Transaktionen (Produkte, Handelsvolumen, Börsenplätze, Ausführungsart etc.), abgerechnete Gebühren sowie CRM-Daten (Kontoeröffnung, Beratungshäufigkeit, Kanalnutzung etc.) analysiert und dadurch Nutzungsverhalten, Präferenzen und Ertragstreiber identifiziert. Zur Analyse der strategischen Rahmenbedingungen kann eine zusätzliche Befragung des Managements oder von (leitenden) Kundenberatern Aufschluss über die Markt- und Preispositionierung, das Wettbewerbsumfeld, die Ertrags- und Kundenziele sowie über die strategische Ausrichtung des Produkt- und Leistungsangebots für Filial- und Onlineangebote geben.

Ertragsstarke und kundenorientierte Depotmodelle

III. Depotmodelle entlang der Kundenbedürfnisse strukturieren

Die Verknüpfung von Kundenbedürfnissen und strategischen Rahmenbedingungen bestimmt im weiteren Verlauf die Struktur und Ausrichtung der neuen Depotmodelle. Zwar sind erfolgreiche Depotmodelle abhängig vom jeweiligen Institut, zeichnen sich aber immer durch eine hohe Passgenauigkeit zu den analysierten Kundenbedürfnissen aus. In diesem Zusammenhang bieten Ansätze zur Preisbündelung in sogenannten Depotmodellen oder frei wählbare Leistungsbausteine bzw. Tarifoptionen viele Möglichkeiten zur optimalen Preisdifferenzierung entlang der Kundenbedürfnisse. Eine Übersicht zur Struktur gängiger Leistungsmodelle ist in Abbildung 1 illustriert und wird im weiteren Verlauf anhand von Beispielen beschrieben.

Eine Unterscheidung zwischen verschiedenen Kundenbedürfnissen erfolgt z. B. nach gewünschtem Servicelevel oder voraussichtlicher Aktivität. Um dem nachgefragten Beratungsbedarf einzelner Kundengruppen nachzukommen, kann beispielsweise die laufende Betreuung bzw. Anlageberatung zum Aufbau einer Modellstruktur herangezogen werden (regelmäßige, aktive Begleitung versus begrenzt und nur auf Nachfrage).

Um die Depotmodelle in ihrer Wertigkeit „aufzuladen", können weitere Beratungs- oder Mehrwertleistungen in die einzelnen Modelle integriert oder über einen modulspezifischen Preiskatalog berechnet werden. Im Zuge des Strukturaufbaus ist dann die Rolle dieser zusätzlichen Beratungsleistungen (Steuer-, Schulden- oder Gesundheitsberatung bzw. Erbschafts-, Unternehmensnachfolge- oder Rechtsberatung) oder technischen Mehrwertleistungen (Portfolio Reports, Portfolio Health Checks, Risikoanalysen, Next-Best-Trading-Empfehlungen) zu definieren.

Abbildung 1: Überblick zur Struktur innovativer Depotmodelle (Quelle: zeb.research)

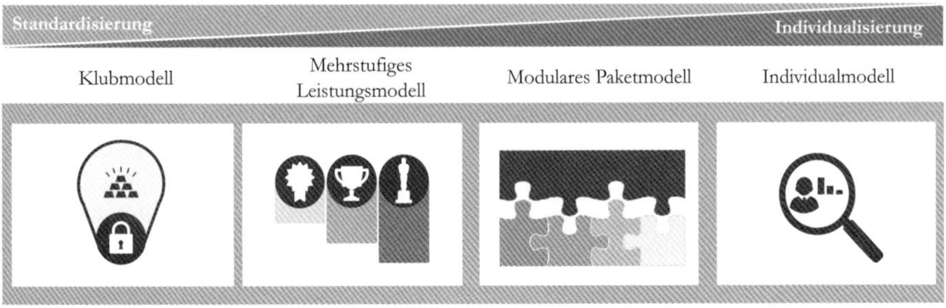

Standardisierung			Individualisierung
Klubmodell	Mehrstufiges Leistungsmodell	Modulares Paketmodell	Individualmodell

IV. Preisbereitschaften für die neuen Depotmodelle ableiten und Preise setzen

Mit dem Aufbau der Struktur des neuen Preismodells sind auf Basis der unterschiedlichen Kundenbedürfnisse Preisbereitschaften für die einzelnen Leistungsmodelle abzuleiten und über unterschiedliche Methoden für die Preissetzung abzuschöpfen. Auch das Aufkommen ganz neuer Preisbereitschaften im Markt ist in der Preissetzung zu berücksichtigen. So nimmt das Thema Nachhaltigkeit in der Kapitalanlage für Kunden eine steigende Bedeutung ein – dabei ist eine Mehrpreisbereitschaft der Kunden für nachhaltige Bankprodukte deutlich erkennbar.

Die Konzeption der Preissetzung kennt dabei viele Gestaltungsmöglichkeiten, wobei in der Regel zwischen prozentualen Gebühren und Fixpreisen unterschieden wird.

Prozentuale Gebühren auf Basis des verwalteten Vermögens sind die wohl gängigste Art der Bepreisung am Markt. Obwohl für den Kunden oft nicht direkt ersichtlich ist, welche absoluten Beträge die Basispunkte tatsächlich mit sich bringen, besteht hier eine hohe Kundenakzeptanz. Im Zuge der aktuellen Transparenzoffensive wird dieser Vorteil jedoch schwinden. Hier werden Banken zunehmend in Erklärungsnot geraten, da mit steigendem Vermögen der Zusammenhang zwischen Leistung und Preis divergiert – Kosten aufseiten der Bank sowie Leistungslevel gegenüber dem Kunden steigen oftmals nicht mit zunehmendem Vermögen, jedoch aber die abgerechneten Gebühren. Problematisch wird dies, wenn vermögende Kunden, die durch die relativen Kosten am meisten für ihre Treue „bestraft" werden, das aktuelle Preis-Leistungs-Verhältnis hinterfragen. Schließlich weist die Ertragsstruktur der meisten Banken oftmals eine hohe Abhängigkeit von diesen wenigen sehr vermögenden Kunden auf. „Geheilt" wird diese Divergenz in der Praxis dann meist über Sonderkonditionen, die wiederum effektiv gemanagt sowie nachgehalten werden müssen und nicht unbedingt zu einer höheren Transparenz beitragen. Diese Herausforderung lässt sich aber schon beim Aufbau der Modellstruktur antizipieren und z. B. über Staffelpreise oder integrierte Mehrleistungen intelligent lösen – so erhalten Kunden automatisiert günstigere Konditionen bei steigendem Vermögen oder über Premiummodelle einen höheren Leistungsumfang.

Fixpreise (beispielsweise auch Mindestpreise) haben in dieser Hinsicht zumindest den Vorteil der Transparenz gegenüber den Kunden. Außerdem können damit auch Kundensegmente bedient werden, die aufgrund eines geringen Vermögens zuvor nicht profitabel bedient werden konnten. Die Herausforderung bei Fixpreisen besteht jedoch in der Berechnung der optimalen Höhe. Die richtigen Preispunkte werden in der Praxis häufig zu gering angesetzt, da der Wert der erbrachten Leistung unterschätzt wird.

V. Strukturen und Preise – innovative Beispiele

Natürlich haben beide Arten der Preisberechnung Vor- und Nachteile, und letztlich muss das neue Preissystem der übergeordneten Zielsetzung Rechnung tragen und

Ertragsstarke und kundenorientierte Depotmodelle

sich harmonisch in die neue Struktur einfügen. Um die Verbindung zwischen Preisberechnung und Struktur zu erleichtern, sind weitere Feinabstimmungen notwendig. Hilfreich sind hierbei z. B. eine klare aufwandsbasierte Verknüpfung, die Integration von Staffelungen sowie Minimum- bzw. Maximumschwellen oder All-in-Komponenten. Wie sich die Preissetzung dann schließlich optimal in die neue Struktur des Leistungsmodells einfügt, zeigen folgende beispielhafte Kombinationen.

1. Klubmodell mit aufwandsbasierter Bepreisung

Charakteristisch für Klubmodelle sind einmalige oder wiederkehrende Mitgliedsgebühren im Sinne einer Eintrittsgebühr. So sind in der Klubmitgliedschaft häufig bereits Basisleistungen enthalten oder ermöglichen dem Klubmitglied beispielsweise den Zugang zu exklusiven oder rabattierten Leistungen, die auch nur den Klubmitgliedern vorbehalten sind. Um die Attraktivität von Klubmodellen zu erhöhen, werden teilweise auch Angebote abseits üblicher Wertpapierleistungen (z. B. Kreditkarten, Versicherungen oder die Teilnahme an Events) integriert. Eine beispielhafte Darstellung zum Klubmodell ist in Abbildung 2 illustriert.

Wesentliche Vorteile solcher Klubmodelle liegen aus Bankperspektive in der Schaffung einer neuen, nicht transaktionsabhängigen Erlösquelle und in der Erhöhung der Kundenbindung. Aus Kundenperspektive kann ein „Statuserlebnis" erzeugt werden, sodass der Kunde sich als Klubmitglied stärker mit seiner Bank identifiziert und durch gewonnene Leistungen von anderen Kunden differenziert – entscheidend ist hierbei jedoch die Exklusivität der Klubleistungen. Aufgrund der Gebührenstruktur und der Exklusivität des Angebots sind Klubmodelle jedoch meist eher im Private-Banking-Segment anzutreffen.

Abbildung 2: Klubmodell mit Fixpreisen (Quelle: zeb.research)

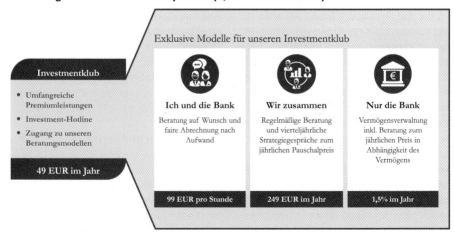

Die Bepreisung kann dabei z. B. aufwandsbasiert erfolgen. Wie in Abbildung 2 dargestellt beträgt der Mitgliedsbeitrag 49 EUR pro Jahr und ebnet den Weg zu den dahinterliegenden Beratungsmodellen, die mit aufwandsbasierten Preisschildern direkt an die Beratungsleistung gekoppelt sind. Als Ausgangspunkt zur Preisgestaltung dient hierbei eine stundenweise Leistungsberechnung, die sich nach Bedarf bzw. Aufwand richtet und im Modell „Wir zusammen" eine Rabattierung durch einen Jahrespauschalpreis vorsieht.

2. Mehrstufiges Leistungsmodell mit Staffelpreisen

Diese Pricing-Modellvariante ist in anderen Industrien bereits weit verbreitet und gewinnt zunehmend auch im Depot-Pricing an Bedeutung. Zum Aufbau der Struktur werden in der Regel zwei bis vier Depotmodelle für den Kunden konzipiert, die sich nach angebotener Leistungstiefe im Sinne einer Good-better-best-Logik differenzieren. Die Ausgestaltung der Depotmodelle adressiert somit die Bedarfslage verschiedener Kundensegmente, z. B. hinsichtlich Servicelevel, Betreuungsintensität oder Transaktionshäufigkeit. Eine mögliche Ausgestaltung ist in Abbildung 3 illustriert.

Da der Kundennutzen bei der Ausgestaltung der angebotenen Leistungsmodelle direkt im Pricing adressiert wird und die Kunden zwischen verschiedenen Modellen wählen können, bieten sich der Bank Vorteile für eine erweiterte Ertragssteigerung; z. B. durch Verzicht auf ein komplexes Sonderkonditionsmanagement oder durch ein Up-Selling entlang der Leistungsmodelle.

Auch lassen sich über mehrstufige Leistungsmodelle optimal Anreize zur Neukundengewinnung integrieren, indem z. B. ausgewählte Modelle in Form eines Starterpakets entweder zeitlich rabattiert werden oder das Leistungsniveau auf eine bestimmte Zeit erweitert wird. So kann beispielsweise für Neukunden in den ersten zwei Jahre das Komfort-Modell zum Preis des Kompakt-Modells angeboten werden. Die Ausgestaltung dieser Starterpakete kann auch auf ausgewählte Zielgruppen wie junge Kunden zugeschnitten sein und somit einen Beitrag zu strategischen Wachstumsfeldern leisten.

Weitere Vorteile dieser mehrstufigen Leistungsmodelle liegen in der erweiterten Argumentationsbasis beim Vertrieb; jedes Modell hat einen direkten Bezug von Preis zu Leistung, was für den Kunden klar verständlich und nachvollziehbar ist. Der Kunde sucht sich dann selbst aus, welche Servicetiefe er bevorzugt bzw. welchen Betrag er zu zahlen bereit ist.

Prozentuale Staffelpreise auf Basis des verwalteten Vermögens tragen insbesondere dem Umstand Rechnung, dass das Leistungsniveau nicht mit zunehmendem Vermögen steigt und Kunden für Mehrvolumen nicht „bestraft" werden sollten. Außerdem kommt eine stufenweise abnehmende Kostenstruktur einer Standardisierung von Sonderkonditionen gleich und bindet somit besonders ertragsrelevante Kundengruppen. So sind in Abbildung 3 die Staffelpreise in den höherwertigen Modellen Komfort und Premium integriert, da hier nutzertypentechnisch die höchsten Volumina und deshalb die höchste Relevanz für eine solche Differenzierung zu erwarten sind.

Ertragsstarke und kundenorientierte Depotmodelle

3. Modulares Paketmodell mit Minimum- und Maximumpreisen

Als Ausgangsbasis für das modulare Paketmodell dient meist ein Basispaket, das als Einstiegspaket von jedem Kunden bezogen werden muss und die notwendigen Grundbedürfnisse abdeckt (z. B. Depotgebühren, Anlageberatung und StandardPortfolioreports etc.). Zentrale Elemente des modularen Paketmodells sind jedoch individuell erweiterbare, themenspezifische Einzelfeatures. Gemäß dem „Baukastenprinzip" kann so ein individuelles Depotmodell durch den Kunden erstellt werden. Zusatzleistungen werden mit einem modulspezifischen Preiskatalog berechnet und sind somit transparent und nachvollziehbar.

Zur weiteren Feinsteuerung können Mindest- bzw. Maximalpreise nach beobachtbarem Nutzungsverhalten im Kundenportfolio ergänzt werden. Der Mindestpreis soll dabei für die Bank eine Mindestprofitabilität bei Kunden mit z. B. geringem Vermögen herstellen. In Abbildung 4 ist beispielhaft ein modulares Paketmodell illustriert, das in der Basisausstattung die wesentlichen Leistungen im Wertpapiergeschäft umfasst und durch weitere Leistungsbausteine komplett individualisierbar ist. Das Basispaket ist gemäß den enthaltenen Leistungen auch kostentechnisch transparent und einfach gehalten, schafft aber eine Mindestprofitabilität für jeden Wertpapierkunden. Die weiteren Bausteine sind dann je nach Leistungseinheit entweder prozentual oder absolut zu bepreisen. Besondere Anreize können zudem über Kampagnen zur Mehrnutzung geschaffen werden – „das dritte (kostengünstigste) Zusatzpaket ist kostenlos".

Abbildung 3: Mehrstufiges Leistungsmodell mit Staffelpreisen (Quelle: zeb.research)

Leistungen	Kompakt	Komfort	Premium	Selbst-Invest
Zielgruppe	Wertpapier-Einsteiger/-in	Beratungsaffiner Standardkunde	Beratungsaffiner Profikunde	Selbstentscheider/-in; Brokerage
Anlageberatung	✓	✓	✓	✗
Verfügbare Produkte	Einfaches Produktuniversum	Umfangreiches Produktuniversum	Gesamtes Produktuniversum	Gesamtes Produktuniversum
Vermögensverwaltung	✗	✓	✓	✗
Portfoliocheck	1 Mal im Jahr	4 Mal im Jahr	Unbegrenzt	✗
Freitransaktionen	✗	✗	✓	✗
Kosten p. a. (in % der AuM)				
• Bis 50 TEUR AuM	0,30%	0,50%	1,20%	0,20%
• 50 bis 200 TEUR AuM	0,30%	0,40%	1,10%	0,20%
• Ab 200 TEUR AuM	0,30%	0,30%	1,00%	0,20%

Abbildung 4: Modulares Paketmodell mit Minimum- und Maximumschwellen (Quelle: zeb.research)

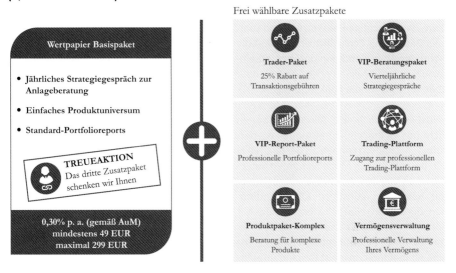

Da über den hohen Grad der Individualisierbarkeit weitere Preisbereitschaften abgegriffen werden können und durch die selbstbestimmte Paketwahl kundenseitig ein positives „Shopping-Erlebnis" kreiert wird, führt auch das modulare Paketmodell sowohl für die Bank als auch für die Kunden zu einer Win-win-Situation.

4. Individualmodell mit Flat-Preis

Individualmodelle forcieren eine einzelkundenspezifische Preissetzung, die auf Basis einer zu erzielenden Mindestmarge und kundenindividueller Auf- bzw. Abschläge einen Vorschlagspreis ableitet. Da hierbei verschiedene Charakteristika des Kunden in Betracht gezogen werden (z. B. AuM, Transaktionsvolumen, Dauer der Kundenbeziehung, Status Kundenzufriedenheit,

Alter, Potenzial im Cross-Selling, Stellung im Erwerbsleben, Kanal- und/oder Fullservice-Affinität etc.), sind eine hohe Datenverfügbarkeit und intelligente Analysetools essenziell. Die technischen Voraussetzungen dafür sind teilweise schon gegeben und werden im Zuge der aktuellen Entwicklung von Big-Data-Ansätzen und künstlicher Intelligenz schrittweise einfacher umzusetzen sein. Schwieriger sind vielmehr die bisher geringe Kundenakzeptanz und die Darstellung im Preis- und Leistungsverzeichnis.

Ein exemplarisches Interface zum Individualmodell ist in Abbildung 5 dargestellt und zeigt Möglichkeiten zur Preisadjustierung einer All-in-Kondition auf Einzelkundenebene in Anbetracht relevanter Geschäfts- und Kundenmerkmale. Da sich eine All-in-Kondition als eine Flat-rate versteht und somit alle Produkt- und Dienstleistungskosten rund um Wertpapiergeschäfte in einen Pauschalpreis inkludiert, ist die richtige Preissetzung von zentraler Bedeutung. Schließlich entscheidet die Höhe der All-in-Kondition darüber, ob einzelne Kunden in Zukunft noch Gewinne oder aber Verluste für die Bank einbringen.

Selbstverständlich sind All-in-Konditionen nicht nur im Individualpreismodell wiederzufinden, sondern können als Bestandteil in alle beschriebenen Modellvarianten aufgenommen werden. Neobroker werben hier mit besonders günstigen All-in-Konditionen, die sich an reine Selbstentscheider mit hohem Transaktionsaufkommen richten. Bei traditionellen Finanzinstituten hingegen ist eine All-in-Kondition meist Bestandteil eines Premium-Leistungsmodells und inkludiert neben (un-)eingeschränkten Freitransaktionen besonders hochwertige Beratungsleistungen und – immer häufiger zu beachten – eine Rückerstattung der erhaltenen Zuwendungen (Kickbacks von Produktanbietern wie Ausgabeaufschläge und Vertriebsfolgeprovisionen (vgl. Abbildung 5)).

VI. Wesentliche Erfolgsfaktoren im Depot-Pricing

Alle diese Modelle haben gemeinsam, dass der Leistungsumfang als Basis zur Bepreisung herangezogen wird und somit Preissensitivitäten über einen direkten Link zur Leistung überwunden werden. In diesem Sinne kann eine einfache Kundenkommunikation gemäß „Ihre Gebühr hängt davon ab, wie viel Sie von uns brauchen" genutzt werden. Somit werden der Kunde und seine Bedürfnisse in den Mittelpunkt der Preisgestaltung gestellt, und eine Preisdifferenzierung findet anhand des Nutzungsverhaltens statt. Unterstützend wirkt dabei ein ganzheitlicher Beratungsansatz in Kombination mit Mehrwertleistungen, die im direkten Zusammenhang mit dem Wertpapiergeschäft stehen und die Depotmodelle weiter ausdifferenzieren.

Jedes konzeptionell noch so ausgeklügelte Preismodell ist am Schluss nur profitabel, wenn sich die Bank ihrer Value Proposition im Markt bewusst ist und dieser auch den passenden Wert entgegenstellt. Ein entsprechendes Selbstvertrauen in den Wert der eigenen Beratung ist somit zwingend erforderlich, muss selbstbewusst nach außen kommuniziert werden und bedarf eines entsprechenden Wandels aufseiten der Kundenberater.

Kunden sind gegenüber Preisschildern per se nicht schreckhaft, jedoch muss auch im Banking eine profunde Story geliefert werden, wie die Gebühren zu rechtfertigen sind. Eine transparente und übersichtliche Darstellung der angebotenen Serviceleistungen inkl. Gebühren sowie eine Reduktion der Komplexität im Preis- bzw. Leistungsverzeichnis sind hierbei schon ein erster Schritt.

Zusätzlich sollten für die erfolgreiche Umstellung der Pricing-Modelle die Mitarbeitenden in Verhandlungsmethodik geschult und das Marketing auf den zusätzlichen Nutzen der neuen Modelle für den Kunden ausgerichtet werden. Ein wesentlicher Erfolgsfaktor ist hier der Aufbau einer Pricing-Datenbank, damit eine Überleitung der Bestandskunden in die neuen Depotmodelle problemlos und entsprechend den Kundenbedürfnissen angewiesen werden kann – das Abwanderungsrisiko kann durch eine gesteuerte und mit Argumenten unterlegte Migration deutlich reduziert werden.

Abseits der eigentlichen Depotpreismodelle lohnt sich auch immer ein Blick über den Tellerrand. An der Schnittstelle zwischen Kapitalmarktprodukten und Sichteinlagen lässt sich im Kontext der Negativzinsen und Verwahrentgelte eine besonders vorteilhafte Situation für Banken sowie für Kunden herbeiführen. So kann der Übertrag von Sichteinlagen in einen gemanagten Fonds eine deutliche Margenverbesserung von -0,5 % (Niveau Negativzins) auf +3,7 % (Annahme: Ausgabeaufschläge 3,00 % zzgl. laufender Vertriebsfolgeprovisionen von ca. 0,50 % und Verwahrgebühr von ca. 0,20 %) realisieren. Dieses Potenzial lässt sich sowohl über geringe Einstiegshürden in den Depotmodellen als auch über anlassbezogene Rabatte erfolgreich adressieren. Unterstützend wirken dabei noch emotional aufgeladene „Sales Stories" und sogenannte Vorteilsrechner zur Vermögensoptimierung, die Kunden über entgangene Renditechancen, inflationsbedingte Vermögensminderung und die Kosten der Verwahrentgelte informieren und Transparenz zu Alternativen am Kapitalmarkt herstellen.

Eben diese niedrigen Einstiegshürden bzw. anlassbezogene Rabatte lassen sich auch für die Gewinnung von Neukunden nutzen. Besonders Kunden unter 30 Jahren lassen sich mit attraktiven „Youngster"-Depotmodellen gezielt adressieren und über einen hohen Leistungsumfang zu preiswerten Konditionen frühzeitig an die Bank binden.

Im Zeichen der Zeit gibt es viele gute Gründe, die eigenen Depotmodelle auf den Prüfstand zu stellen sowie vor dem Hintergrund der neuen Marktgegebenheiten und Kundenanforderungen entweder evolutionär oder auch revolutionär weiterzuentwickeln.

Abbildung 5: Individualmodell mit All-in-Preis (Quelle: zeb.research)

Merkmale Geschäft/Kunde

Geschäftsmerkmale	
Geschäftsart	Nachhaltig
Mindestmarge	1,30%
Gewinnmarge	0,40%
Volumen	200.000 EUR

Kundenmerkmale	
Cross-Selling	Ja
Beziehung	> 5 Jahre
Transaktionen	< 20 pro Jahr
Alter	55–65 Jahre

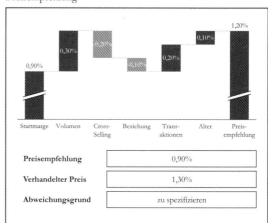

Preisempfehlung

Preisempfehlung	0,90%
Verhandelter Preis	1,30%
Abweichungsgrund	zu spezifizieren

F. Preisdurchsetzung in Zeiten wachsender Regulatorik

I. Die Marke Volksbank eG Bremerhaven-Cuxland

Ein kunden- und ertragsorientiertes Pricing ist für die Volksbank eG Bremerhaven-Cuxland ein wesentlicher Erfolgsfaktor für nachhaltige Rentabilität, welche uns in die Lage versetzt, unseren Förderauftrag als Genossenschaftsbank zu erfüllen.

Adäquate Preise zu stellen, ist kein Widerspruch zu unserem starken, regional ausgerichteten Markenkern, der auf das Vertrauen der Mitglieder und Kunden abzielt.

Marke nach innen und außen: Gerade in Zeiten einer stärker wachsenden Regulierung des Kundengeschäfts konnten und können wir immer auf unsere Mitarbeitenden setzen, auf einen eingeschliffenen Modus des vertrauensvollen, intuitiven und pragmatischen Miteinanders, den wir so auch an unsere Kunden transportieren.

Essenzen unserer Marke in Bezug auf den Kunden sind:

„Flexibilität" – „Authentizität" – „Immer ansprechbar sein" – „Das Leistungsversprechen auch wirklich liefern" – „Homogen sein"

II. Die Ausgangssituation

Auf der oben beschriebenen Grundlage haben wir uns 2020 dazu entschieden, zusammen mit unserem Partner zeb die Giroangebote grundlegend und kundennutzenorientiert zu überarbeiten. Zusätzlich sollte dem Leitgedanken der „Partnerschaft" mit unseren Kunden durch die Einführung eines Loyalitätsprogramms mit dem Namen „MeinBonus" eine neue Wahrnehmung verliehen werden.

Sowohl bei unseren Mitarbeitenden als auch bei den Kunden stieß dieses neue Angebot auf breite Akzeptanz.

Durch das BGH-Urteil zur Änderungsfiktion vom April 2021 standen wir – wie viele andere Institute – vor der Herausforderung, unsere Preise und Leistungen erneut und „rechtssicher" zu vereinbaren.

III. Die Erfolgsfaktoren

Diesen „Stresstest", auch für die Marke und Kultur der Volksbank eG Bremerhaven-Cuxland, haben wir positiv aufgenommen. Jenseits regulatorischer Anforderungen an den Prozess gab es für uns fünf wesentliche Erfolgsfaktoren, die sowohl in der Konzeptarbeit als auch in der Umsetzung konsequent berücksichtigt wurden:

- Ein klarer Plan
- Kundenzentrierung
- Kommunikation/Ansprache
- Befähigung
- Ambition

Abbildung 1: Erfolgsfaktoren „Aktiver Zustimmungsprozess Giropreise" (Quelle: zeb 06/2021)

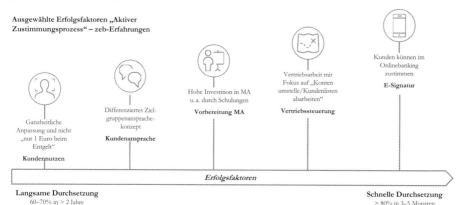

IV. Ein klarer Plan und der notwendige Schuss Pragmatismus

Getragen von den Erfolgen aus der vorangegangenen Durchsetzung unserer aktuellen Giropreise und mit einem klaren Plan zur Umsetzung sind wir auch in den Prozess der aktiven Zustimmung gegangen:

Verstehen ➔ Bewerten ➔ Entscheiden ➔ Planen ➔ Umsetzen

Und dies in dem eingeübten Modus des „Miteinanders" – als gemeinschaftliche Aufgabe! Auf einen wertschätzenden Umgang von Markt- und internen Dienstleistern konnten wir ebenso vertrauen wie auf die Fähigkeit, sich auf „Lösungen" zu fokussieren. Das Management war in diesem Prozess immer „sichtbar" (Orientierung und Sicherheit geben), ohne die operative Arbeit zu behindern. Wegweisend war auch die sehr frühe Erkenntnis aller Beteiligten, dass hier eigentlich kein „besonders kritisches" Thema vorliegt, und so haben wir es (nach innen wie außen) auch nicht „verkauft"!

V. Kundenzentrierung

Der Begriff der „Kundenzentrierung" wurde bei uns nicht als bloßes Schlagwort verwendet. Wir haben dem Blick auf die Kunden in der Vorbereitung besonderen Raum gegeben: Was haben wir aus vorangegangenen Preisveränderungen gelernt? Was nehmen die Kunden positiv wahr? Wie schauen die Kunden auf das BGH-Urteil? Wo sind in der Kundenwahrnehmung „rote Linien", die nicht überschritten werden dürfen?

Preisdurchsetzung in Zeiten wachsender Regulatorik

Abbildung 2: Kundensichten zum BGH-Urteil (Quelle: zeb-Marktforschung 07/2021)

Sind Ihnen das BGH-Urteil und dessen Auswirkungen bekannt?

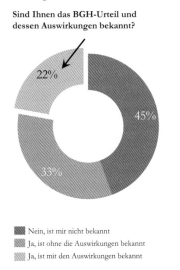

- Nein, ist mir nicht bekannt
- Ja, ist ohne die Auswirkungen bekannt
- Ja, ist mit den Auswirkungen bekannt

Wie möchten Sie zukünftig Preisanpassungen zustimmen? *(Mehrfachnennungen)*

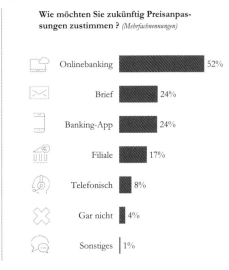

Im Ergebnis waren wir überzeugt, mit unserem Angebot marktadäquat unterwegs zu sein und den „Wert" unserer Leistungen – und dies nicht nur isoliert für Giro – gut an die Kunden transportiert zu haben.

VI. Kommunikation/Ansprache

Im Vertrauen auf bekannte Kanalpräferenzen und Reaktionsmuster unserer Kunden haben wir uns für einen umfassenden Kommunikationsmix entschieden: initiale Ansprache über ein haptisches Anschreiben mit niederschwelligen Angeboten zur Zustimmung über alle Kanäle. Die Kunden entscheiden!

Bei der Tonalität war es uns wichtig, den für viele Kunden nicht wirklich nachvollziehbaren Sachverhalt freundlich und adressatengerecht zu erklären („Was heißt das für Sie?") und für alle praxistaugliche Angebote zu den Zustimmungswegen zu machen („Das ist zu tun!").

Keine negative Grundstimmung bei Kunden und damit Gegenwind für unsere Mitarbeitenden im Markt zu provozieren, war der Leitgedanke.

Wir haben den Prozess der Kundenansprache im Übrigen auch immer als gesamthafte Aufgabe verstanden: Jeder Kundenkontakt, unabhängig von einer formalen Kundenverantwortung, wurde von unserem Service, unseren Beratern, dem Telefonteam und selbst von Mitarbeitenden interner Bereiche genutzt, um Gesprächslagen zu schaffen und Zustimmungen einzuholen.

VII. Befähigung

Wesentlicher Erfolgsfaktor bei der Preisdurchsetzung, auch und gerade in einem aktiven Zustimmungsprozess, ist die Fähigkeit der Beratern, die eigene Leistung und die „Marke" Volksbank adäquat bepreisen zu „wollen".

Unser historisches Investment in die Beantwortung der Fragen „Wofür stehen wir?" und „Was unterscheidet uns von anderen?" sowie der Transfer in Trainings zu professioneller Gesprächsführung in konkreten Verhandlungssituationen haben sich auch unter „BGH-Bedingungen" ausgezahlt.

Besondere Erkenntnis: In Zeiten gestiegener regulatorischer Anforderungen ist das „Wertebewusstsein" unserer Mitarbeitenden im Markt eher noch gewachsen!

VIII. Die Ambition

Ein weiterer Baustein der Umsetzungsagenda BGH geht mit der Erwartung unserer Mitarbeitenden einher, „Orientierung" für anstehende Aufgaben zu erhalten: Was ist unsere Ambition? Bis wann wollen wir das geschafft haben? Was ist der Beitrag jedes und jeder Einzelnen dazu?

Im Wissen um die gute Vorbereitung auf den aktiven Zustimmungsprozess, das Vertrauen in unsere starke Marke und das klare Bewusstsein aller Beteiligten bezüglich ihrer Rolle war es von Anfang an unstrittig, dass wir eine hohe Zustimmungsquote erreichen würden.

Ebenso klar war, dass wir den Zeitraum zur Zielerreichung auch aufgrund von Erfahrungswerten anderer Länder mit ähnlichen Regularien (z. B. in Österreich) nicht zu lang bemessen konnten. Den Fokus auf das Thema bei allen Beteiligten hochzuhalten, gelingt nur in einem für alle überschaubaren Zeitraum.

Ambition für die Volksbank eG war deshalb: Mindestens 80 % Zustimmungsquote innerhalb von vier Monaten.

1. Die Ergebnisse

Durch die Fokussierung auf das Thema bei allen Beteiligten und eine gute Vorbereitung ist es uns gelungen, sehr schnell sehr hohe Zustimmungsquoten zu erzielen – und dies über alle Kanäle. Ein wenig überraschend war die hohe Anzahl an Kunden, die proaktiv das Gespräch gesucht haben – sowohl wegen Verständnisfragen als auch für die direkte Zustimmung.

Preisdurchsetzung in Zeiten wachsender Regulatorik

Abbildung 3: Zustimmungsquoten im Zeitablauf
(Quelle: Volksbank eG Bremerhaven-Cuxland 12/2021)

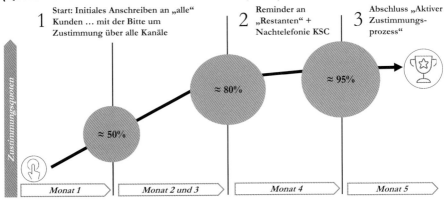

Abbildung 4: Zustimmungsquoten nach Kanälen – illustrativ
(Quelle: Volksbank eG Bremerhaven-Cuxland 12/2021)

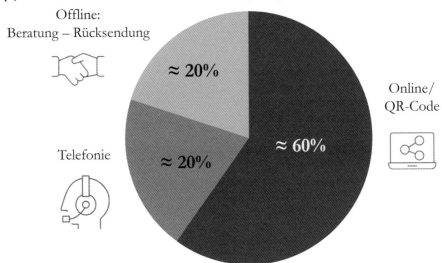

Wir haben die Ziele also erreicht, in Teilen sogar übererfüllt. Die Marke Volksbank eG Bremerhaven-Cuxland hat sich als belastbar und werthaltig erwiesen.

Wir haben erneut gemeinsam den Beweis angetreten, dass Kultur und Marke keine stofflosen Konstrukte aus Lehrbüchern sind, sondern – gepaart mit unserer Pricing-Excellence-Kompetenz – echte Erfolgsfaktoren im unternehmerischen Handeln.

Diesen Weg werden wir auch bei weiter steigenden regulatorischen Anforderungen im Kundengeschäft konsequent verfolgen.

2. Quellenverzeichnis

Volksbank eG Bremerhaven-Cuxland: Zustimmungsquoten im Zeitablauf, Beverstedt, Dezember 2021.

Volksbank eG Bremerhaven-Cuxland: Zustimmungsquoten nach Kanälen, Beverstedt, Dezember 2021.

zeb.rolfes.schierenbeck.associates gmbh: Erfolgsfaktoren Aktiver Zustimmungsprozess Giropreise, Münster, Juni 2021.

zeb.rolfes.schierenbeck.associates gmbh: Kundensichten zum BGH-Urteil, Münster, Juli 2021.

Über Produkt-/Preisoptimierung Ertragspotenziale realisieren

G. Über datengestützte Produkt- und Preisoptimierung Ertragspotenziale im Girokonto realisieren

In der ersten Auflage unseres Buchs haben wir die Bedeutung des Datenbankmanagements zur Optimierung von Girokontomodellen beleuchtet. Der Fokus lag dabei auf einer Betrachtung der Einzelkontoebene, um für jedes individuelle Konto abhängig von der Nutzung (Kanal und Intensität) ein optimal auf das jeweilige Nutzungsverhalten zugeschnittenes Kontomodell zu identifizieren. Der Einsatz umfassender Simulationsdatenbanken auf Einzelkontoebene hat für die Optimierung des Kontomodellangebots einen unverändert hohen Stellenwert. Seit dem BGH-Urteil zum AGB-Änderungsmechanismus vom 27. April 2021 wird für die Änderung von Preisen bzw. die Migration in neue Kontomodelle eine explizite Zustimmung des Kunden benötigt. Mehr denn je ist deshalb die Betrachtung der Einzelkontoebene erfolgskritisch für eine nachhaltige Steigerung der Provisionserlöse rund um das Girokonto. Ein individueller und passgenauer Vorschlag für das neue Kontomodell erhöht schließlich die Zustimmungsquote im Kundenbestand. Damit aber nicht genug: Die aufgebaute Datenbank lässt sich auch dafür nutzen, unter Kosten- und Kommunikationsgesichtspunkten den optimalen Ansprachekanal und -zeitpunkt je Kunde zu wählen. Denn selbst dem bestmöglich ausgestalteten Kontomodell wird nur dann zugestimmt, wenn die Zustimmungslösung vom Kunden als adäquat betrachtet wird. In diesem Kontext geben wir hier einen Einblick in das Thema „künstliche Intelligenz" und zeigen zwei Beispiele auf, wie eine Datenbank auf Einzelkundenebene genutzt werden kann, um über eine optimierte Ansprache eine maximale Kundenzustimmungsquote zu erhalten und anschließend eine Identifikation der Kunden zu ermöglichen, die eine erhöhte Abwanderungsgefahr aufweisen.

I. Pricing-Datenbank auf Einzelkontoebene aufbauen

Um die individuelle Ausgangslage eines Kunden und Kontoinhabers korrekt zu beurteilen, empfehlen wir Ihnen, zu Beginn eines jeden Projekts den Aufbau einer auf Ihr Institut zugeschnittenen Pricing-Datenbank. Die Datenbank setzt auf der höchstmöglichen Granularität auf und umfasst jedes einzelne bei Ihnen im Institut geführte Girokonto zzgl. relevanten Nutzungsverhaltens, Kanäle und etwaiger Sonderkonditionen. Über die Bereitstellung ausgewählter „Selects" für alle gängigen Kernbanksysteme ist sichergestellt, dass die Rohdaten ohne großen Aufwand bankseitig zur Verfügung gestellt werden können und im Rahmen des Datenbankaufbaus zielführend verarbeitet werden. Neben der Transparenz über Nutzung und Ertragszusammensetzung eines jeden Girokontos sollten Sie in der Datenbank ebenso Kundenmerkmale und Aspekte zur Haushaltseinheit bzw. zum Engagement miteinbeziehen. Schließlich bestehen erhebliche Wechselwirkungen zwischen Konten, die im gleichen Engagement geführt sind – dies ist im Rahmen einer Girooptimierung zwingend zu berücksichtigen. Zur Sicherstellung eines ganzheitlichen Kundenverständnisses bietet es sich abschließend an, auch Daten über die Girokontooptimierung hinaus in den Aufbau der Datenbank aufzunehmen. Diese können allgemeiner Natur sein (z. B. Alter, PLZ-Region, Familienstand) oder bereits auf spezifisches Nutzungsverhalten bzw. Kanalpräferenzen hindeuten (z. B. Nutzung Onlinebanking, Nutzung Google Pay oder Apple Pay, letzter persönlicher Kontaktpunkt in der Filiale). Es hat sich herausgestellt, dass eine vollumfängliche Betrachtung des Kunden wesentlicher Erfolgsfaktor ist, um eine nachhaltige Kundenbeziehung sicherzustellen und jeden Kunden auf dem individuell für ihn passenden Kanal anzusprechen. Ein 20-jähriger „Digital Native", der eine Bankfiliale noch nie von innen gesehen hat, möchte nicht unbedingt zum persönlichen Gespräch in die Filiale vorgeladen werden; das Angebot eines Videotelefonats mit Terminvereinbarung über QR-Code träfe hingegen bei der 92-jährigen Rentnerin auf Unverständnis – das scheint eindeutig. Um jedoch in der Breite des Kundenbestands und insbesondere bei weniger offensichtlichen Fällen den richtigen Ansprachekanal zu wählen, bedarf es einer breiten Auswahl an bereits heute verfügbaren Zusatzdaten. Über deren zielgerichtete Nutzung werden Banken kurz- bis mittelfristig in der Lage sein, ihre Kontaktpunkte mit dem Kunden individuell erfolgreich zu gestalten.

Der grundsätzliche Aufbau sowie wesentliche Inhalte einer zielführenden Pricing-Datenbank sind in Abbildung 1 dargestellt.

Abbildung 1: Dimensionen und Inhalte Pricing-Datenbank (Quelle: zeb.research)

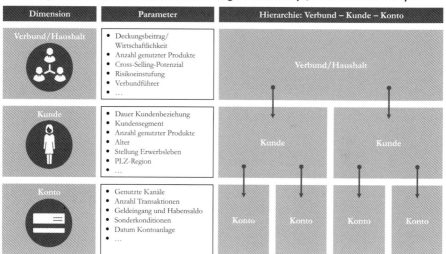

Über Produkt-/Preisoptimierung
Ertragspotenziale realisieren

II. Preismaßnahmen der vergangenen Jahre berücksichtigen

Mit der Integration von weiteren durch den Kunden/Verbund genutzten Produktklassen neben dem Girokonto lässt sich über die Datenbank ein Scoringmodell entwickeln. Dieses ermittelt nicht nur die reine Produktnutzungsquote, sondern die Kundensensitivität im Hinblick auf in der näheren Vergangenheit durchgeführte Preismaßnahmen. Somit stellen Sie sicher, dass neben der bloßen Preisanpassung im Girokonto auch die jeweilige Historie mit dem Kunden/Verbund berücksichtigt wird und eine zielführende Kundenansprache sowie Berechnung des Business-Case gewährleistet ist. Ein wesentliches Augenmerk in zeb-Projekten liegt schließlich darauf, einerseits die Balance zwischen Produkt- und Preisanpassungen zu finden – andererseits aber auch die über Jahre gepflegte Kundenbeziehung und -historie

zu berücksichtigen. Auch das BGH-Urteil vom April 2021 verdeutlicht die Wichtigkeit dieser Balance noch einmal, die für die Erzielung hoher Zustimmungsquoten im Preisanpassungsprozess elementar sein wird.

Abbildung 2 zeigt die Ergebnisse eines Scorings für private und gewerbliche Kunden. Es wird ersichtlich, dass eine Vielzahl an Kunden in der Vergangenheit regelmäßig von keiner wesentlichen Preisanpassung betroffen war. Auf der anderen Seite sind ausgewählte Kundenverbünde zahlreichen (Preis-)Maßnahmen ausgesetzt gewesen (z. B. Preise im Wertpapiergeschäft, Bereitstellungsprovision, Electronic Banking oder Filialschließungen). Für diese Kunden hat sich ein separates Anspracheknozept bewährt, das jeweils in Abstimmung mit den Kundenbetreuern Rücksicht auf die individuelle Ausgangslage und Preisbereitschaft des Kunden nimmt.

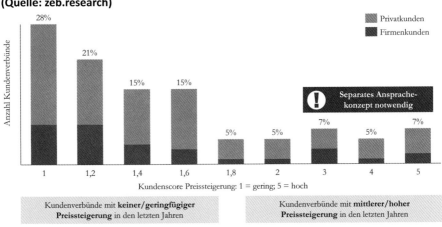

Abbildung 2: Ergebnisse Kundenscoring nach Preissteigerung in den letzten Jahren (Quelle: zeb.research)

III. Neues Kontenangebot auf Einzelkontoebene simulieren

Durch den Einsatz einer erprobten Pricing-Datenbank ist die Berücksichtigung einer Einzelkundenperspektive im Projekt sicherzustellen. Dies ermöglicht Ihnen eine feingliedrige Steuerung einzelner Konten und Kunden in das aus Ertrags- und Kostengesichtspunkten optimale Produkt. Die Anzahl der steuerungsrelevanten Parameter reicht dabei vom Transaktionsvolumen im Girokonto über vom Kunden genutzte Kanäle (Onlineüberweisung bzw. ePostfach) bis zu Geld-/Gehaltseingang oder Durchschnittsguthaben. Die Parameter sollen dabei im Einklang mit Ihren strategischen/vertrieblichen Zielen stehen, insbesondere bei der Steuerung von hybriden Kunden in digitale Kanäle.

Durch die Steuerung auf Einzelkontoebene sind nun im Rahmen der Konzeption eines neuen Giroangebots folgende Vorteile sichergestellt:

- Ermittlung eines passenden/attraktiven Produktvorschlags je Kunde/Konto
- Überblick über die Gesamtkundenbeziehung und Wirtschaftlichkeitsbetrachtung, somit Möglichkeit zur Ermittlung von Potenzialen für Cross-Selling und Preissteigerung
- Ermittlung von Kunden, die durch Einführung eines neuen Produkt-/Preisangebots profitieren (z. B. durch einen Wechsel auf für den Kunden günstigere Kanäle oder eine mit gesteigertem Transaktionsvolumen einhergehende Rabattierung der Buchungspostenpreise)
- Berechnung eines treffsicheren Business-Case inkl. prognostizierter Zustimmungsquoten, der Preispotenziale auf Einzelkundenebene auf Basis weitreichender zeb-Projekterfahrung berücksichtigt

Im Kontext der Umsetzung ist ebenso eine individuelle Kundeninformation möglich und zielführend. Inhalte und Format der Kommunikation können Sie auf den einzelnen Kunden zuschneiden. Die Bandbreite erstreckt sich dabei zunächst über die Auswahl eines passenden Kanals je Kunde. Die zeb-Erfahrung zeigt, dass insbesondere das personalisierte Anschreiben, der Kontoauszug/ePostfach oder ein persönliches Gespräch zwischen Betreuer und Kunde gängige Praxis sind. Um Kunden anschließend zu einer digitalen Zustimmungslösung weiterzuleiten, ist die Integration eines QR-Codes ein wesentlicher Erfolgsfaktor für eine Maximierung der Zustimmungsquote. Nach zeb-Erfahrung nutzen zwischen 60 % und 80 % der per Brief angeschriebenen Kunden den QR-Code anstatt eines vorfrankierten Rückumschlags, um ihre Zustimmung zu den AGB und Preisen zu geben.

IV. Datenbanken bei großen Datenmengen erfolgreich digitalisieren

Wie in den vorhergehenden Kapiteln dargestellt verursacht eine Pricing-Simulation unter Einbezug verschiedener Parameter sowie Perspektiven eine nicht zu unterschätzende Komplexität und benötigt eine entsprechende Rechenleistung. Die zeb-Erfahrung der vergangenen Jahre hat gezeigt, dass der Nutzen einer Pricing-Datenbank im Projekt jedoch erst vollends zur Geltung kommt, wenn Business-Case und Migrationsergebnisse in Abhängigkeit von den eingegebenen Parametern ohne zeitliche Verzögerung ermittelt werden können. Dies ermöglicht Ihnen eine pragmatische Entscheidung zur Vorteilhaftigkeit einzelner Szenarien direkt im Workshop und sichert eine kurze Projektlaufzeit sowie anschließend eine schnelle/zeitnahe Realisierung des Business-Case.

Eine Anzahl relevanter Konten und Produkte im sechsstelligen Bereich ist in Projekten keine Seltenheit mehr, herkömmliche Microsoft-Office-Anwendungen reichen hier für eine effiziente Ermittlung von Business-Cases und Migrationsbewegungen nicht mehr aus. Es bietet sich entsprechend der Einsatz einer webbasierten Datenbank an, die auch in zeitkritischen Projektsituationen die erforderliche Rechenleistung zur Verfügung stellt. Eine solche Simulationsdatenbank wurde eigens für den Einsatz in Pricing-Projekten von zeb entwickelt und ermöglicht – unabhängig von der Größe des Hauses und Projekts – zu jeder Zeit die Sicherstellung einer hohen Datenqualität und Projektgeschwindigkeit.

V. Kontomodelle intelligent differenzieren

1. Berücksichtigung unterschiedlicher Kanäle im privaten Girokonto

Durch die zunehmende Bedeutung digitaler Kanäle in den letzten Jahren haben sich im Girokontomarkt drei wesentliche Nutzertypen gebildet. Für diese sollten Sie in Abhängigkeit vom jeweiligen Transaktionsvolumen passgenaue Modelle bereitstellen. Die drei Nutzertypen im Girokonto sind im Wesentlichen wie folgt charakterisiert:

a) Onlinekunde (ca. 20 % bis 40 % des Kundenbestands)

- Freischaltung und aktive Nutzung von Onlinebanking
- Aktive Nutzung angebotener Banking-Apps
- Erledigung aller regelmäßigen Bankgeschäfte über den Onlinekanal
- Keine regelmäßigen Besuche in der Filiale
- Bargeldversorgung (sofern benötigt) über Geldautomat
- Kontoauszüge über elektronisches Postfach

b) Hybridkunde (ca. 30 % bis 50 % des Kundenbestands)

- Freischaltung und aktive Nutzung von Onlinebanking
- Bei Bedarf Rückgriff auf Filialnetz, z. B. für mitarbeiterbediente Überweisungen oder Bargeldservices an der Kasse
- Kontoauszüge häufig über Kontoauszugsdrucker

c) Filialkunde (ca. 20 % bis 30 % des Kundenbestands)

- Keine Freischaltung und/oder Nutzung von Onlinebanking
- Durchführung aller Bankgeschäfte in der Filiale, z. B. mitarbeiterbediente Überweisungen, Bargeldservice an der Kasse
- Kontoauszüge über Kontoauszugsdrucker

Die zeb-Projekterfahrung zeigt, dass eine pauschale Zuordnung von Nutzertypen in Kontomodelle den heterogenen Kundenbedürfnissen bei Weitem nicht gerecht wird. Schließlich ist neben dem identifizierten Nutzertyp insbesondere die Häufigkeit der Inanspruchnahme verschiedener Bankdienstleistungen ein wesentlicher Treiber für die Feststellung eines passgenauen Modells. Abbildung 3 zeigt dabei in einer Matrixdarstellung grundsätzlich die je nach Kundentyp und Transaktionshäufigkeit infrage kommenden Kontomodelle. Herangezogen sei folgendes Beispiel: Ein Hybridkunde, der pro Monat eine beleghafte Überweisung ausführt und allgemein eine geringe Anzahl an Buchungen im Konto aufweist, ist sehr wahrscheinlich in einem Einzelabrechnungskonto am besten aufgehoben. Für eine Vielnutzerin, die zweimal pro Woche Bargeldleistungen in der Filiale in Anspruch nimmt und 30 Geldein- und -ausgänge auf dem Girokonto verzeichnet, bietet sich hingegen ein Pauschal- oder Premiumkonto (mit inkludierter Kreditkarte) an. Anhand dieses einfachen Beispiels soll aufgezeigt werden, dass die reine Identifikation eines Kundentyps im Regelfall nicht ausreicht, um ein optimales Modell zu ermitteln. Vielmehr ist der Kundentyp in Kombination mit der Häufigkeit in Anspruch genommener Bankdienstleistungen der wesentliche Faktor zur Ermittlung eines optimalen Kontomodells.

Bei der preislichen Ausgestaltung des Kontenangebots empfehlen wir eine deutliche vertriebliche Abgrenzung der einzelnen Kontomodelle voneinander. Dies erreichen Sie z. B. über die Höhe der Preise für die Kontoführung, für einzelne Transaktionen, Karten und Kontoauszüge. Dabei sollten Sie darauf achten, dass insbesondere beim Onlinekonto mit regelmäßig niedriger Kontoführungsgebühr beleghafte Überweisungen und Kassentransaktionen mit einem hohen Preisschild versehen sind. Dies dient nicht der Abschöpfung etwaiger Zahlungsbereitschaften von Onlinekunden, die ohnehin keine Filialservices in Anspruch nehmen. Vielmehr ergibt sich aus der Bepreisung ein wirksamer Schutz vor einer Wanderung von Nutzertypen in das Kontomodell, das nicht für sie vorgesehen ist.

Abbildung 3: Nutzertypen und Modellzuordnung im Privatgiro (Quelle: zeb.research)

Über Produkt-/Preisoptimierung Ertragspotenziale realisieren

2. Private Kontomodelle vertrieblich voneinander abgrenzen

Abbildung 4 zeigt schematisch ein aus zeb-Erfahrung zielführend ausgestaltetes Kontenangebot mit einer entsprechenden Preisindikation. Bewährt haben sich dabei drei bis vier Modelle, die je nach Bank individuell auf das vorhandene Kundenportfolio zugeschnitten werden. Das auf der rechten Seite dargestellte Premiumkonto ist eine optionale Weiterentwicklung des Pauschalkontos mit inkludierter Gold-Kreditkarte. Das Angebot eines solchen Premiummodells hängt neben den Nutzertypen in Ihrem Bestand insbesondere auch von der Kreditkartenstrategie Ihres Hauses ab.

Abbildung 4: Girokontostruktur Privatkunden (Quelle: zeb.research)

	Online	Einzel-abrechnung	Pauschal	Premium
Kontoführung	€	€	€€	€€€
Überweisung online	inklusive	€	inklusive	inklusive
Gutschrift einer Überweisung/Lastschrift	inklusive	€	inklusive	inklusive
Überweisung beleghaft/ Bargeldausz. Schalter	€€€	€	inklusive	inklusive
Girocard (Debitkarte)	€€	€€	inklusive	inklusive
Kreditkarte (Classic/Gold)	€€€	€€€	€€	inklusive
Kontoauszüge	gesperrt	inklusive	inklusive	inklusive
Treuebonus (abhängig von Produktnutzung)	inklusive	inklusive	inklusive	inklusive
Zugang zu Mehrwerten	eingeschränkt	eingeschränkt	umfassend	umfassend

€ Verhältnismäßig geringer Preis
€€€ Verhältnismäßig hoher Preis

3. Kontomodelle für gewerbliche Kunden nach Nutzungsintensität differenzieren

Für das gewerbliche Girokontenangebot stellen Sie in Abhängigkeit von den Nutzertypen im Bestand über eine drei- bis viergliedrige Modellstruktur ebenfalls sicher, dass für jeden Kundentyp ein passendes Kontenangebot bereitsteht. Eine Differenzierung der einzelnen Nutzertypen erreichen Sie hier im Gegensatz zum Privatgiro allerdings nicht primär über die genutzten Kanäle. Vielmehr ist die Anzahl der Onlineüberweisungen und fremdinitiierten Buchungen ein wesentlicher Indikator, welches der angebotenen Kontomodelle für Ihren jeweiligen Kunden passgenau ist. Schließlich sind neben der Kontoführungsgebühr diese beiden Buchungsarten im gewerblichen Segment ein wesentlicher Ertragstreiber und machen insbesondere für Kontoinhaber mit einer höheren Anzahl an Transaktionen den „Löwenanteil" des Kontoentgelts aus.

Wie in Abbildung 5 dargestellt bauen Sie Ihre gewerblichen Kontomodelle idealerweise folgendermaßen auf: Ein **Einstiegsmodell** ist mit einem geringen monatlichen Kontoführungspreis versehen, im Gegenzug allerdings mit hohen Preisen für Onlinetransaktionen und fremdinitiierten Buchungen. Für Kunden mit einem höheren Transaktionsvolumen bieten Sie passgenau zwei bis drei weitere Modelle mit niedrigeren Transaktionspreisen an. Für diese Modelle ist folgerichtig ein höherer Kontoführungspreis zu zahlen. So können alle Nutzer anhand ihres Transaktionsvolumens das für sich in Summe günstigste Kontomodell ermitteln. Da durch einen möglichen Wechsel in ein „höherwertiges" Kontomodell aufgrund einer steigenden Transaktionsanzahl gleichzeitig der durchschnittliche Transaktionspreis sinkt, macht die dargestellte Modellstruktur in vielen Fällen außerdem die Vergabe von Sonderkonditionen auf den Transaktionspreis für Ihr Haus hinfällig.

Über Produkt-/Preisoptimierung
Ertragspotenziale realisieren

Abbildung 5: Girokontostruktur gewerbliche Kunden (Quelle: zeb.research)

	Einstiegsmodell	Standardmodell	Vielnutzermodell
Kontoführung	€	€€	€€€
Überweisung online	€€€	€€	€
Gutschrift einer Überweisung/Lastschrift	€€€	€€	€
Überweisung beleghaft/ Bargeldausz. Schalter		€€	
Girocard (Debitkarte)		€€	
Kreditkarte (Classic/Gold)		€€€	
Kontoauszüge		€	

€ Verhältnismäßig geringer Preis
€€€ Verhältnismäßig hoher Preis

Ergänzend zu der beschriebenen preislichen Staffel für Kontoführung, Onlineüberweisungen und fremdinitiierte Buchungen müssen Sie weiterhin Preise für beleghafte Transaktionen, Karten und Kontoauszüge festsetzen. Nach zeb-Erfahrung hat sich hier eine Bepreisung unabhängig vom gewählten Kontomodell bewährt – insbesondere bei den für Sie kostspieligen mitarbeiterbedienten Transaktionen sollten Sie auch Vielnutzern in einem entsprechenden Kontomodell auf diese Leistungen keinen Nachlass gewähren.

4. Gewerbliche Kontomodelle durch gezielte Anreize zur Mehrnutzung vom Wettbewerb differenzieren

Über die dargestellte Kontostruktur für gewerbliche Kunden schaffen Sie ein auf die Vielzahl Ihrer Kunden optimal zugeschnittenes Kontenangebot. Weiterhin setzen Sie für Ihre Kunden einen Anreiz, durch Verlagerung von Transaktionsvolumen in ein höherwertiges Kontomodell zu wechseln und damit von günstigeren Transaktionspreisen zu profitieren. Im deutschen Giromarkt sind diese Angebote mittlerweile gängige Praxis und haben sich vertrieblich bewährt. Abbildung 6 zeigt jedoch, dass ein integriertes Anreizsystem über die Anzahl der getätigten Transaktionen häufig nicht auf in Ihrem Kundenportfolio vorhandene Vielnutzer zugeschnitten ist, die sich aufgrund ihres Nutzungsverhaltens bereits in einem sogenannten „Vielnutzermodell" befinden.

Deshalb sollten Sie darüber nachdenken, in Abhängigkeit von Ihrem Kundenportfolio einen Treuebonus in Ihre Kontomodelllandschaft zu integrieren. Dieser bietet Kunden mit sehr hohem Transaktionsvolumen einen Anreiz, das Transaktionsvolumen in Ihrem Haus noch weiter zu steigern. Bei der Form der Ausgestaltung sind Sie flexibel. Beispielsweise bietet sich eine Reduktion oder Erstattung der Kontoführungsgebühr nach dem Überschreiten einer definierten Transaktionsschwelle an, wie in Abbildung 7 dargestellt. Für eine technische Implementierung im Kernbanksystem stellt zeb bewährte Tools zur Verfügung, die eine sichere Integration des Treuebonus ohne hohen manuellen Aufwand ermöglichen.

VI. Datennutzung und Kundenverständnis mithilfe von Data Analytics weiter ausbauen

Mit dem Aufbau und der Nutzung einer Pricing-Datenbank unterstützen Sie das übergreifende Ziel, Ihr individuelles Kundenverständnis zu verbessern und es so gewinnbringend im Rahmen der Optimierung des Produkt- und Preisangebots einzusetzen. Darüber hinaus bietet Ihnen der Aufbau einer Pricing-Datenbank eine sehr gute Datengrundlage für den Einsatz innovativer Methoden wie z. B. Data Analytics und künstlicher Intelligenz.

Der Einsatz eines „dynamischen Pricings" stellt sich in Diskussionen oft als erste Idee für die Nutzung von Data Analytics im Pricing-Kontext heraus, da das Abschöpfen der individuellen Zahlungsbereitschaft von Kunden zusätzliches Ertragspotenzial bietet. Zwar lassen sich auch aus dem individuellen Kundenverhalten Ansatzpunkte für mögliche zusätzliche Zahlungsbereitschaften erkennen, jedoch erweist sich eine Umsetzung im Massengeschäft – wozu sowohl Privatkunden als auch Geschäfts- und Gewerbekunden gehören – als eher schwierig. Vereinbarungen auf Einzelkundenebene können getroffen werden, stellen aber individuelle Sonderkonditionen dar, die Sie in diesem Bereich vor dem Hintergrund einer bestmöglich angestrebten Preisstandardisierung vermeiden sollten.

Gleichwohl können Sie mithilfe von Data Analytics Erkenntnisse aus der Pricing-Datenbank gewinnen, um das Kundenverständnis weiter auszubauen. Hierbei bieten sich vor allem die Themenbereiche Kundenansprache sowie Kundenabwanderung an. Grundsätzlich sollten Sie hierbei darauf achten, die Methoden nicht zum Selbstzweck einzusetzen, sondern immer mit dem klaren Ziel, das Kundenverständnis weiter auszubauen und die daraus gewonnenen Erkenntnisse über den Kunden vertrieblich zu nutzen.

www.FCH-Gruppe.de

Über Produkt-/Preisoptimierung Ertragspotenziale realisieren

Abbildung 6: Girokonto ohne Treuebonus (Quelle: zeb.research)

	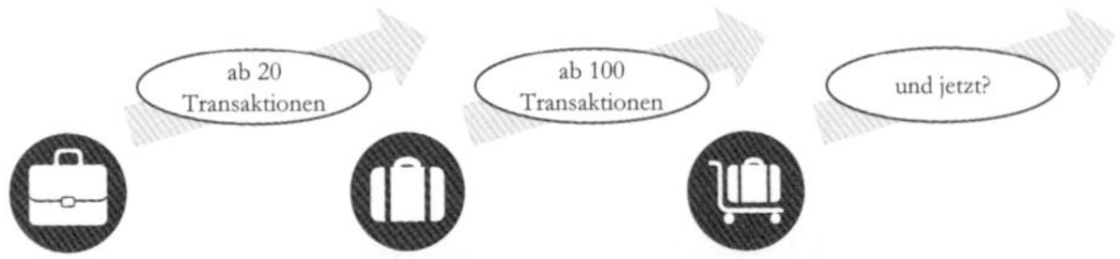 ab 20 Transaktionen	ab 100 Transaktionen	und jetzt?
	Einstiegsmodell	**Standardmodell**	**Vielnutzermodell**
Kontoführung	10,00 €	15,00 €	30,00 €
Überweisung online	0,50 €	0,25 €	0,10 €
Gutschrift einer Überweisung/Lastschrift	0,50 €	0,25 €	0,10 €

Abbildung 7: Mögliche Umsetzung des Treuebonus (Quelle: zeb.research)

	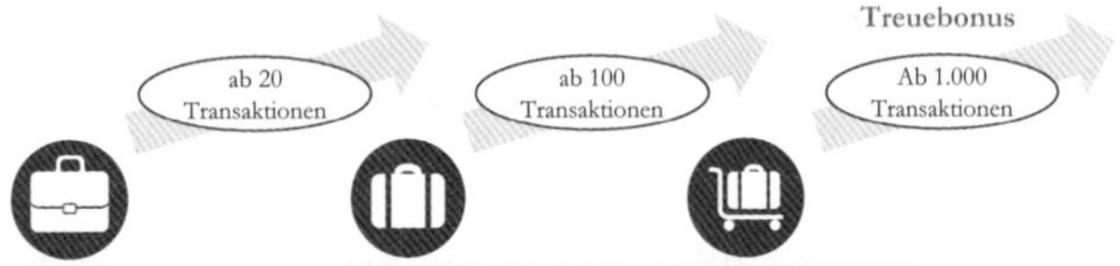 ab 20 Transaktionen	ab 100 Transaktionen	Treuebonus Ab 1.000 Transaktionen
	Einstiegsmodell	**Standardmodell**	**Vielnutzermodell**
Kontoführung	10,00 €	15,00 €	30,00 €
Überweisung online	0,50 €	0,25 €	0,10 €
Gutschrift einer Überweisung/Lastschrift	0,50 €	0,25 €	0,10 €
Treuebonus	Ab 1.000 Transaktionen p. M. Kontoführung geschenkt		

VII. Zustimmungsprozesse mithilfe von Kanalaffinitäten verbessern

Durch das bereits angesprochene BGH-Urteil vom April 2021 wird es für zukünftige Preisanpassungen notwendig sein, die aktive Zustimmung des Bankkunden einzuholen. Hierbei besteht die Herausforderung darin, den Kunden so anzusprechen, dass er auch geneigt ist, sein Einverständnis zu geben. Dabei spielen der Ansprachekanal, aber auch der Anspracheitpunkt wichtige Rollen, um den Kunden in einer Situation zu „erwischen", in der dieser Zeit und Interesse hat, sich mit der Zustimmung zu befassen und diese auch zu geben.

Die Wahl des vom Kunden präferierten Ansprachekanals erweist sich oft als ein wichtiger Erfolgsfaktor. Sie können für die Ansprache unterschiedliche Kanäle nutzen wie das Onlinebanking, Mobile Banking, E-Mail, Telefon, Brief, aber auch einen persönlichen Termin mit der Bankberaterin oder dem Bankberater. Darüber hinaus können Sie die Ansprache auch über unterschiedliche Kanäle kombinieren (z. B. E-Mail und Telefon), was sich vor allem dann anbietet, wenn der Kunde auf den ersten Kontakt nicht reagiert. Den passenden Kanal auszuwählen, ist für Sie besonders wichtig, da jede Kundenansprache mit Kosten verbunden ist und sich auf die Zufriedenheit der Kunden auswirkt. Deshalb sollte Ihr Ziel sein, den Kunden „so selten wie möglich" ansprechen zu müssen, um sein Einverständnis einzuholen, und dies so kostengünstig wie möglich zu tun. Beispielsweise ist es unvorteilhaft, dem Kunden ein vergleichsweise kostengünstiges Pop-up im Onlinebanking einzustellen, wenn dieser sich so gut wie nie in das Onlinebanking einloggt.

Damit Sie die Ansprache kundenindividuell steuern können, empfehlen sich die Ermittlung und die konsequente Nutzung der einzelnen Kanalaffinitäten je Kunde. Aufschluss über die jeweilige Kanalaffinität geben unterschiedliche Datenpunkte des einzelnen Kunden, wie zum Beispiel

- Kontomodell (z. B. Onlinekonto)
- Nutzung Onlinebanking (Vorhandensein und Häufigkeit der Nutzung)
- Nutzung Mobile Banking (Vorhandensein und Häufigkeit der Nutzung)
- Kreditkarte (Vorhandensein und Art, z. B. Classic oder Gold)
- Anzahl Geldabhebungen am Geldautomaten pro Monat
- Anzahl Geldabhebungen am Schalter pro Monat
- Anzahl Beratungsgespräche pro Jahr

Um Kanalaffinitäten zu ermitteln, kommen analytische Modelle zum Einsatz, die den Zusammenhang zwischen den oben genannten Beobachtungspunkten (z. B. Wahl des Kontotarifs) und der Zielgröße (Kanalaffinität) auf Basis historischer Daten ermitteln. Darauf aufbauend wird anschließend die Nutzungswahrscheinlichkeit des jeweiligen Kanals (= Kanalaffinität) für den einzelnen Kunden errechnet. Dies erfolgt sehr granular auf Einzelkundenebene. So ist es Ihnen beispielsweise möglich, die unterschiedlichen Anspracheepräferenzen innerhalb eines Familienverbunds zu erkennen und gezielt in der Ansprache jeder und jedes Einzelnen zu nutzen.

Auf dieser Basis können Sie die ermittelten Kanalaffinitäten im Zusammenspiel mit den jeweiligen Kanalkosten nutzen, um die Ansprache der Kunden zielgerichtet zu steuern, damit die Zustimmung schnell und kosteneffizient eingeholt werden kann. Dieses Vorgehen können Sie sowohl für Zustimmungen bei Preisanpassungen nutzen als auch für andere Kundenansprachen, wie das Einholen der Datenschutzzustimmung, oder für Marketingmaßnahmen, z. B. Produktkampagnen. Wichtig hierbei ist jedoch, die Kanalaffinität nie alleine, sondern stets im Zusammenhang mit dem Ansprachenanlass zu betrachten.

VIII. Abwanderungsgefährdete Kunden frühzeitig erkennen

Neben der Kundenansprache sind auch die Themen Kundengewinnung und Abwanderungsvermeidung von hoher Bedeutung. Oftmals wird hier ein hoher Fokus auf die Neukundengewinnung gelegt. Diese ist jedoch zumeist sehr kostenintensiv, vor allem durch den Einsatz hoher Neukundenprämien. Deshalb ist es umso wichtiger, Bestandskunden zu halten und hier keine bestehende Provisionserlöse zu verlieren.

Auch hier kann Data Analytics Sie dabei unterstützen, abwanderungsgefährdete Kunden frühzeitig zu identifizieren. Um entsprechende Gegenmaßnahmen einleiten zu können, ist es notwendig, Kunden mit hoher Abwanderungswahrscheinlichkeit zu erkennen, bevor diese auch wirklich kündigen. Um einen solchen zeitlichen Vorlauf zu erhalten, kommen selbstlernende Klassifikationsmodelle zum Einsatz, welche die Wahrscheinlichkeit ermitteln, dass der Kunde beispielsweise in den nächsten drei Monaten kündigt. Für die Anwendung solcher Modelle müssen zeitliche Veränderungen in den Kundendaten konsequent nachgehalten werden. Dies umfasst z. B. die Information, ob ein Wechsel beim Kontomodell oder der Kreditkarte im letzten Jahr stattgefunden hat oder ob die Anzahl der Kundenkontaktpunkte pro Jahr über die Zeit hinweg konsequent geringer wurde.

Im Rahmen dieser selbstlernenden Klassifikationsmodelle kommen Algorithmen wie Entscheidungsbäume (z. B. Random Forest, Gradient Boosted Trees) oder die logistische Regression zum Einsatz. Diese prognostizieren für jeden Kunden die jeweilige Kündigungswahrscheinlichkeit. Die Kunden werden dann anhand dieser Wahrscheinlichkeit sortiert und in gleich große Gruppen unterteilt. In Abbildung 8 können Sie ein Beispiel sehen, in dem die Kundenbasis entsprechend in 20 Quantile unterteilt wurde. Die Gruppe q5 stellt die 5 % der Kundenbasis mit der höchsten Kündigungswahrscheinlichkeit dar und weist eine durchschnittliche Kündigungswahrscheinlichkeit innerhalb der Gruppe von ca. 50 % aus. So ist es Ihnen möglich, kritische von unkritischen Kunden zu unterscheiden. Bei kritischen Kunden handelt es sich um Kunden, die eine höhere Abwanderungswahrscheinlichkeit aufweisen als die durchschnittliche Kundengruppe.

Abbildung 8: Kundenanalyse mit Fokus auf Kündigungswahrscheinlichkeiten (Quelle: zeb.research)

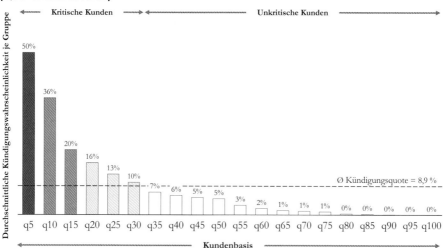

Dieses Ergebnis hilft vor allem Ihrem Vertrieb und der Vertriebssteuerung dabei, sich zunächst die Kunden mit hoher Kündigungswahrscheinlichkeit ansehen und dann gezielt auf diese zugehen zu können. Zusätzlich können Sie die Informationen über Ihre Kunden im Rahmen der bereits erwähnten Zustimmungsprozesse verwenden. Hier sollten Sie darauf achten, dass gerade Kunden mit hoher Kündigungswahrscheinlichkeit eine Preisanpassung zum Anlass nehmen könnten, um final zu kündigen. In diesen Fällen ist oft ein persönliches Gespräch mit den Kundenberatern sinnvoll und kann so zielgerichtet aufgesetzt werden.

Für die nachhaltige Erfolgsmessung des Modells sowie der eingeleiteten Maßnahmen ist der konsequente Einsatz von A/B-Testing essenziell und im Rahmen einer Umsetzung stets zu berücksichtigen sowie einzuplanen. Dies gilt übergreifend für den Einsatz solcher Prognosemodelle im Rahmen von Vertriebsaktivitäten. Das Vorgehen ermöglicht es Ihnen, nachhaltig und konsequent den Erfolg des Einsatzes von Data Analytics und künstlicher Intelligenz anhand konkreter Anwendungsfälle zu messen und zu beurteilen.

IX. Fazit

Die Nutzung und Aufbereitung von Kundendaten im Rahmen von Giroprojek-ten ist in den letzten Jahren zum Hygienefaktor geworden, und der nachhaltige Erfolg einer Preismaßnahme hängt maßgeblich davon ab, wie gut diese auf Ihr Kundenportfolio zugeschnitten ist. Eine speziell auf diese Herausforderungen abgestimmte Pricing-Datenbank stellt sicher, dass eine Optimierung Ihres Produkt- und Preisangebots auch nachhaltig zu einer Ertragssteigerung führt und wertvolle Kundenbeziehungen nicht gefährdet werden. Das BGH-Urteil vom April 2021 erhöht dabei weiter den Handlungsdruck auf Banken und Sparkassen – die individuelle Betrachtung des Einzelkunden wird wichtiger denn je. Eine maximale Zustimmungsquote lässt sich aus der zeb-Erfahrung des vergangenen Jahres nur dann erzielen, wenn kundenindividuelle Spezifika bestmöglich für die Modellausgestaltung und Kundenansprache genutzt werden. Der Einsatz von künstlicher Intelligenz zur weitergehenden Professionalisierung der Kundenansprache und gleichzeitigen Identifikation abwanderungsgefährdeter Kunden wird dabei in Zukunft eine tragende Rolle für die Stabilisierung und den Ausbau Ihrer Marktanteile spielen.

H. Open Banking im Zahlungsverkehr und Monetarisierungsansätze

Mit den Ankündigungen der zweiten Zahlungsdienstrichtlinie (PSD II) und deren Inkrafttreten Ende 2018/Anfang 2019 hatten Banken, Sparkassen sowie viele Experten eine deutliche Zunahme des Wettbewerbs um die Gunst der Kunden erwartet. Insbesondere durch standardisierte Schnittstellen war zu befürchten, dass sich Drittanbieter zwischen Kunde und Bank/Sparkasse platzieren und Bankdienstleistungen zu austauschbaren Gütern machen würden – gemäß den Worten von Bill Gates „Banking is necessary, banks are not"[3].

Eine erste Zwischenbilanz nach gut drei Jahren zeigt, dass der befürchtete Bedeutungsverlust im Zahlungsverkehr bei traditionellen Banken und Sparkassen nicht in vollem Ausmaß eingetreten ist. Die Wettbewerber haben vorerst kein Interesse gezeigt, den gesamten Zahlungsverkehr abzubilden. Dennoch suchen insbesondere große Plattformen immer wieder gezielt nach kundenrelevanten und ertragsstarken Funktionalitäten und ersetzen diese durch eigene Lösungen, die sie in bestehende Strukturen integrieren. Als prominentes Beispiel dienen die von Apple und Google angebotenen Smartphones und Wearables, die das kontaktlose Zahlen ermöglichen und ihren Herstellern dabei das Abschöpfen nicht unwesentlicher Teile der Interchange als Provision erlauben. Oder es sind „Buy now – pay later"-Angebote seitens PayPal und Klarna, die an Bedeutung gewinnen und so klassische Erträge im Bereich der Dispositions- und Ratenkredite sowie der Kreditkarten angreifen. Betrachtet man hingegen den Bankenmarkt, dann hat sich das Angebot nicht spürbar für die Kunden erweitert.

Als ein erstes Fazit kann also festgehalten werden: An Bedeutung haben traditionelle Banken und Sparkassen in der Kundenwahrnehmung nicht verloren, und dies ist kurz- bis mittelfristig auch nicht zu erwarten. Jedoch werden ertragsstarke Bereiche von neuen Wettbewerbern besetzt, wodurch nicht unwesentliche Erträge in Gefahr bzw. bereits verloren sind. Somit braucht es angesichts des Marktumfelds weiterhin langfristige und nachhaltige Maßnahmen zur Ergebnisstabilisierung. Grund genug also, nun die Chancen des Open Banking zu nutzen, um sich als Bank neu zu erfinden – sowohl auf Kunden- als auch auf Ertragsseite.

I. Das Payment-Ökosystem

Um verlorene Erträge zu kompensieren, sollten Banken und Sparkassen handeln: Kundenabwanderung ist vorzubeugen und Neukundengewinnung zu fördern. Ansonsten besteht die Gefahr, dass Girokonten als „Pseudo-Sparkonten" ausgenutzt werden. Das Girokonto als Ankerprodukt der Kunde-Bank-Beziehung und die Stärkung der Hausbankbeziehung als entscheidender Wettbewerbsfaktor der Zukunft sind weiter in den Fokus zu rücken. Durch die Kombination banknaher Services und Leistungen

---
[3] *Bill Gates* auf der Comdex computer fair, November 1995.

können Banken den Kunden einen Zusatznutzen gegenüber anderen Anbietern von Girokonten bereitstellen.

Es steht außer Frage, dass sich das Angebot von Services in den kommenden Jahren weiter verändern wird. Große Player wie Amazon, Netflix & Co. haben vorgemacht, dass sich ein Wandel von einem produkt- zu einem servicezentrierten Geschäftsmodell durchaus lohnt und mit steigenden Umsatzzahlen einhergeht.

Auch Banken sollten ihre Wettbewerbsvorteile gegenüber neuen Playern im Markt nutzen. Zwei Anknüpfungspunkte sehen wir dabei in der Praxis:

- Die neuen Zusatzservices haben einen direkten Bezug zum bestehenden Kernprodukt – Finanzdienstleistungen – und erweitern dieses durch neue Features.
- Die neuen Zusatzservices stellen die Kerneigenschaften einer klassischen Bank in den Vordergrund – das sind insbesondere Sicherheit, Vertrauen, eine hohe Kundennähe und regionale Verwurzelung bei Regionalbanken (vgl. Abbildung 1).

Durch das Angebot von komplementären Zusatzservices zum Girokonto wird das Kundenbedürfnis nach One-Stop-Shopping befriedigt – eine Komplettlösung für alle finanziellen Fragen. Die Zusatzservices lösen auf einfache Weise ein Alltagsproblem der Kunden, und das Girokonto wird so zu ihrem Lebensbegleiter.

Während in Deutschland die Zahlungspraxis mit Mobile-Payment-Lösungen erst durch Corona langsam Fahrt aufnimmt, hat sich diese in anderen Ländern bereits seit einiger Zeit etabliert. In Schweden ist die Payment-App Swish ein wichtiger Anbieter im Zahlungsverkehr und Katalysator in dem Bestreben, Bargeld bis 2030 komplett abzuschaffen. Anbieter in Asien, insbesondere China, sind da schon einen Schritt weiter: Neben klassischen Payment-Lösungen werden dort von Alipay (Alibaba) und WeChat Pay (Tencent) quasi alle relevanten Lebensbereiche wie soziale Netzwerke und Versicherungen tangiert. Ein weiteres aufstrebendes FinTech befindet sich mit RecargaPay in Brasilien. Nutzer können über die an ein Mobile Wallet gekoppelte App Zahlungen untereinander (P2P) sowie auf Rechnung durchführen. Darüber hinaus sind in einem Land, das vornehmlich durch Prepaid-Mobiltelefone geprägt ist, auch das Aufladen des Smartphones sowie der Kauf von Tickets für den öffentlichen Nahverkehr und weitere Leistungen möglich. Das System ist gekoppelt mit dem Messengerdienst WhatsApp, wodurch Kontobewegungen überwacht und Zahlungsfristen in Erinnerung gerufen werden können.

Abbildung 1: Mögliches Zielbild eines Girokonto-Ökosystems

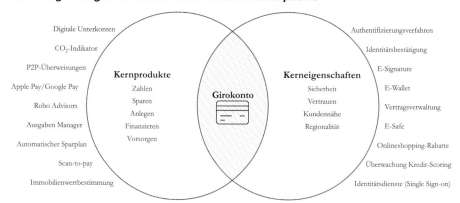

Wenn durch neue digitale Angebote die Wertschöpfungskette der Bank und des Onlinebankings über das klassische Banking hinaus erweitert wird, dann entstehen positive Kundenmehrwerterlebnisse und damit ein dauerhafter Kontakt zum Kunden.

II. Durch Monetarisierung von Zusatzservices können Banken neue Ertragsquellen erschließen

Auf der Suche nach neuen Ertragsquellen müssen sich Banken verstärkt auch mit Pricing-Strategien für digitale Zusatzservices auseinandersetzen. Unsicherheit macht sich breit, denn bei großen Plattformen wird weder die Kreditkarte noch die Zahlungstransaktion bepreist. Schon die Pricing-Excellence-Studien der Unternehmensberatung zeb haben bestätigt, dass Kunden durchaus bereit sind, für Zusatzservices zu zahlen, die einen Kundennutzen schaffen und Alltagsprobleme lösen. Auch bei Amazon und Apple bezahlen Kunden indirekt, indem sie bereit sind, für Bequemlichkeit und Schnelligkeit höhere Preise zu zahlen.

Ertragsquellen lassen sich sowohl direkt als auch indirekt erschließen. Bei direkten Erträgen werden die Zusatzservices selbst – unabhängig vom Girokonto – eingepreist. Neben weit verbreiteten, traditionellen Pricing-Modellen zeigen sich vermehrt innovative Ansätze im Markt, bei denen die Zusatzservices indirekt im Kernprodukt – der Baufinanzierung oder dem Girokonto – eingepreist sind (siehe hierzu auch den Beitrag „Mehrwertleistungen in digitalen und regionalen Ökosystemen als neues Spielfeld der Banken").

Hierzu zählt beispielsweise die Möglichkeit, sich eigenständig und ohne Kundenberater bis zu zehn digitale Unterkonten bei N26 einzurichten. Dabei kann Geld per Drag-and-drop zwischen den Konten verschoben werden, und Freunde können zum gemeinsamen Sparen eingeladen werden. Dieser Service ist neben anderen Leistungen nur in den kostenpflichtigen Giromodellen verfügbar. Ein weiterer indirekt eingepreister Service ist der CO_2-Indikator der Deutschen Bank. Hierbei können Kunden ihren persönlichen CO_2-Austoß auf Basis ihrer Konto- und Kreditdatenumsätze errechnen lassen. Die Bank arbeitet dabei mit Umweltschutzexperten zusammen und bietet damit umweltorientierten Kunden einen Anreiz, die in der Regel kostenpflichtigen Kontomodelle zu nutzen.

III. Das ideale Giro-Ökosystem gestalten

Die strategische Auseinandersetzung mit dem Thema Zusatzservices zu einem Zeitpunkt, an dem die meisten Finanzinstitute in Europa noch nicht die Antwort auf die Angebote der großen Plattformen gefunden haben, kann den entscheidenden Vorsprung in der Weiterentwicklung des Geschäftsmodells klassischer Banken bringen. Dabei gibt es aus unserer Sicht allerdings nicht die eine Musterlösung.

Um Banken auf dem Weg der Geschäftsmodelltransformation zu unterstützen, haben wir als zeb gute Erfahrungen mit einem dreistufigen Vorgehensmodell gemacht, welches sowohl regelmäßige Rückschauen als auch fortlaufende Anpassungen vorsieht. Das Vorgehen ist nicht als „Einmalaufgabe" zu verstehen, sondern vielmehr als andauernder Prozess.

Abbildung 2: zeb-Vorgehensmodell zur Entwicklung des Giro-Ökosystems

Screening
Transparenz über bestehende Zusatzservices

Trendscouting
Transparenz über Innovationen im Markt und Zusatzservices auf Drittplattformen

Persona-Ansatz
Identifikation von Herz- und Schmerzpunkten der Kunden zur Ableitung neuer Zusatzservices

> **Giro – Ökosystem der Zukunft**
> Bewertung und Priorisierung der Use Cases und Identifikation der umsetzungsrelevanten Zusatzservices
> Entwicklung innovativer Zusatzservices mittels Design-Thinking-Methode

> **Entscheidung über Pricing-Strategie**

In der Praxis lässt sich oftmals beobachten, dass die Herausforderung in der heutigen Pluralität von Projektinitiativen liegt, die jede für sich mehr oder weniger innovative Lösungen entwickelt. Ein Gesamtprogramm ist dabei nur selten erkennbar. Den Startpunkt bei der Entwicklung eines Giro-Ökosystems sollte daher immer das Screening bestehender Lösungen innerhalb des Instituts bilden. Welche Zusatzservices werden angeboten und welche Lösungen befinden sich bereits in der Entwicklung? In einem ersten Schritt sollte daher Transparenz über den eigenen Standort hergestellt werden. Auf diese Weise lassen sich auch „weiße Flecken" auf der Projektlandkarte aufdecken.

Gleichzeitig muss institutsseitig das Bewusstsein und Verständnis für digitale Trends und am Markt etablierte Best Practices geschaffen werden. Dabei lohnt sich auch der Blick über den „Tellerrand" in andere Branchen und Märkte. Engpass sind hier oftmals die Mitarbeiterressourcen – kontinuierlich auf dem neuesten Stand zu bleiben, fällt im Alltagsgeschäft aufgrund der hohen Dynamik schwer. Zur Erleichterung kann hier auf Quellen Dritter zurückgegriffen werden – so bieten wir mit dem zeb.TrendScouting ein Tool, um wesentliche Neuerungen im Bankenmarkt wie FinTech-Entwicklungen und Technologietrends einzuordnen, und kooperieren direkt mit State-of-the-Art-Anbietern digitaler Ökosysteme rund um das Girokonto (siehe hierzu auch den Beitrag „Mehrwertleistungen in digitalen und regionalen Ökosystemen als neues Spielfeld der Banken").

Klar ist allerdings auch, dass das „Aufwärmen" von Bestehendem nicht den entscheidenden Wettbewerbsfaktor für die Zukunft liefern kann. In unserem hauseigenem Innovation Lab TABULARAZA bieten wir daher die Möglichkeit, gemeinsam mit Expertenteams die Bedürfnisse der eigenen Kunden zu erforschen und erlebbar zu machen. Mithilfe des Persona-Ansatzes lassen sich die Herz- und Schmerzpunkte der Kunden identifizieren.

Die Erkenntnisse zu bestehenden Lösungen, Trends im Markt und den Kundenbedürfnissen lassen sich anschließend bei der eigenen Zielbilddefinition verwenden. Mithilfe von Kreativitätsmethodiken zum Beispiel im Design Thinking werden kundenzentrierte Produktentwicklungen angeleitet und protypische Lösungen erarbeitet. Auf diese Weise lassen sich schnell Ideen in Prototypen realisieren. Diese können anschließend mit dem Kunden verprobt und in die Umsetzung gebracht werden.

In einem letzten Schritt erfolgt die Verknüpfung der Zusatzservices mit dem Girokontoangebot. Idealerweise sind Servicepakete ebenfalls an den Kundenpräferenzen ausgerichtet. Wenn die Strukturen grundsätzlich passen, kann eine geeignete Pricing-Strategie wie oben dargestellt ausgewählt werden.

IV. Fazit: Open Banking hat den Markt nur partiell revolutioniert – aber relevante Erträge abgeschöpft

Wie eingangs beschrieben hat sich die Befürchtung, dass Banken und Sparkassen in der Kundenbeziehung an Bedeutung verlieren könnten, vorerst nicht bestätigt. Jedoch wurden bereits erste Ertragsquellen erfolgreich von Technologieunternehmen besetzt, u. a. von Apple und Google beim kontaktlosen Bezahlen. PayPal und Klarna haben sich im Bereich „Buy now – pay later" etabliert und somit Erträge aus dem Zahlungs- und Kreditgeschäft abgeschöpft. Mit dem Blick über den europäischen Tellerrand zeigt sich die weitere Dynamik im Zahlungsverkehr, die mittel- bis langfristig auch in Deutschland Einzug finden wird. Banken und Sparkassen müssen sich bietende Chancen ergreifen, sonst werden weitere Ertragsquellen nach und nach aufgezehrt.

Hierfür ist es allerdings notwendig, aus alten Denk- und Verhaltensmustern auszubrechen und bestehende Stärken in den Kernprodukten und -eigenschaften über das übliche Bankgeschäft hinaus auszubauen. Nur wenn der Kunde konsequent in den Fokus des „Tuns" gerückt wird und aus den Erkenntnissen praktische (Alltags-) Services in Verbindung mit einfachen und schnellen Anwendungen/Prozessen abgeleitet werden, sind Kunden auch bereit, dafür zu zahlen. Die entstehende Zahlungsbereitschaft müssen Banken und Sparkassen dann durch eine intelligente Pricing-Strategie abschöpfen. Sehr erfolgreich sind hierbei die Häuser, die unter Nutzung von preispsychologischen Methodiken Preise und Produkte gestalten, z. B. durch die Bündelung von Leistungen in Basis-, Komfort- und Premiumpakete, wobei Letztere einen umfassenden Zugang zum Ökosystem rund um den Zahlungsverkehr und darüber hinaus bieten (siehe hierzu auch den Beitrag „Über datengestützte Produkt- und Preisoptimierung Ertragspotenziale im Girokonto realisieren" in diesem Praxisleitfaden). Letztlich kann gesagt werden: Banken und Sparkassen haben noch alle Chancen, aber es muss auch noch viel getan werden, um diese zu nutzen.

I. Design und Einsatz digitaler Applikationen im Pricing

1. Warum digitale Applikationen?

Der Ertragshebel von Pricing-Maßnahmen ist in der Literatur bereits vielfach beleuchtet worden. In der praktischen Umsetzung unterliegen diese Maßnahmen den gleichen Effizienzanforderungen wie in anderen Bereichen: Die Maßnahme muss mindestens zu mehr Ertrag führen, als sie an Kosten verursacht. Damit stellt sich neben der eher kreativen Frage, welche Maßnahmen in der Preisgestaltung und Preisdurchsetzung möglich sind, die zusätzliche Herausforderung, dass diese auch wirtschaftlich umgesetzt werden müssen. Digitale Applikationen wirken auf beide Fragestellungen ein. Während in der Vergangenheit eine Abwägung zwischen der Maximierung der Treffsicherheit im Pricing (zumeist einhergehend mit der Individualisierung des Pricings) und der Minimierung der Kosten erforderlich war, erlaubt eine digitalisierte Preissteuerung die Steigerung der Effektivität bei gleichzeitiger Verbesserung der Effizienz (Digital-Paradoxon). Digitalen Applikationen kommt damit – wie auch in anderen gesellschaftlichen und wirtschaftlichen Zusammenhängen – im Bereich des Pricings eine erhebliche Bedeutung zu. Dabei geht es in der praktischen Umsetzung nicht ausschließlich um eine 1:1-Übersetzung bisheriger Preissteuerungsmechanismen in die digitale Form. Vielmehr eröffnen digitale Möglichkeiten auch völlig neue Gestaltungsräume.

Abbildung 1: Digitalisierungseffekte

Diese Gestaltungsräume ergeben sich sowohl im direkten Kundenkontakt als auch in internen Bereichen. Die verschiedenen Zielgruppen und Use Cases der Digitalisierung im Pricing werden wir in diesem Kapitel ebenso betrachten wie die konkreten Umsetzungsfaktoren im Design und im IT-bezogenen Setup. Beispiele aus der gelebten Praxis sollen einen ersten Eindruck der neuen, zusätzlichen Möglichkeiten vermitteln. Da bisher jedoch nur ein Bruchteil des digitalen Potenzials gehoben ist, erlaubt der abschließende Ausblick eine hoffnungsvolle Perspektive auf die weitere Entwicklung im Markt. Sämtlichen Überlegungen liegt die Überzeugung zugrunde, dass Digitalisierung nicht gleichbedeutend mit Automatisierung ist. Automatisierung ist in vielen Anwendungsfällen eine berechtigte, jedoch teils noch ferne Ambition. In der Zwischenzeit ist die Digitalisierung vielmehr ein Weg als ein Ziel, auf dem die digitale Applikation den menschlichen Faktor nicht zwingend ersetzen muss. Sie kann die Kunde-Bank-Interaktion aufwerten und effizienter gestalten. Darüber hinaus bleibt in der Zukunft zu überprüfen, inwieweit die menschliche Beziehung einen Preisfaktor, i. e. eine Rechtfertigung für höhere Preise darstellen kann.

II. Zielgruppen und Use Cases

So wie sich das Preismanagement über verschiedene Stakeholder spannt, so vielfältig sind auch die Anwendungsgebiete für die Digitalisierung im Pricing. In allen Kundensegmenten (Privatkunden, Firmenkunden, vermögende Kunden etc.) lassen sich ähnliche Grundstrukturen erkennen. Die Adressaten digitaler Lösungen sind dabei sowohl auf Kundenseite als auch aufseiten des Finanzdienstleisters zu finden (vgl. Abbildung 2).

Abbildung 2: Zielgruppen

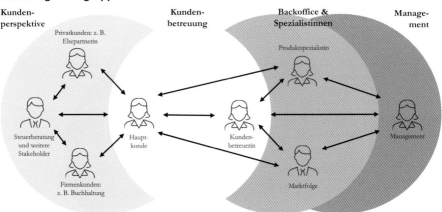

1. Extern – Kundenperspektive

Jede pricingrelevante Interaktion, die direkt zwischen einem digitalen Tool und dem Kunden erfolgt, erfüllt das Effizienzerfordernis. Sämtliche Pricing-Mechanismen aus der persönlichen Betreuung sollten daher möglichst Eingang in digitale Lösungen finden, die den Kunden bereitgestellt werden. Die persönliche Beratung und Betreuung kann dann als zusätzlicher Mehrwert platziert werden, um die entscheidende Effektivität in der Kundenzufriedenheit und im Abschluss sicherzustellen.

Das Pricing wird in der digitalen Welt zu einer interaktiven Erfahrung, welche die Kunden (in ihrer Wahrnehmung) eigenmächtig steuern. Sowohl die Preisfindung als auch Argumentation läuft (pseudo-)individuell ab. Die Navigation durch Produkt- und Preisalternativen erfolgt möglichst intuitiv. Eine klare Informationsarchitektur erlaubt wahlweise den direkten Weg zum Abschluss oder begleitet die informationsgetriebene (Selbst-)Überzeugung der Kunden.

Digitale Pricing-Anwendungen haben weit überlappende Grenzen mit vertriebsorientierten Tools. Das Pricing als solches wird bei guten digitalen Strecken in der Kundenwahrnehmung möglichst marginalisiert – bzw. herausgehoben bei einer entsprechenden Preisführerschaftsstrategie.

Aus Kundenperspektive stehen u. a. folgende Anwendungsfälle im Fokus:

- „Embedded" Pricing mit (pseudo-)individueller Preisfindung
- Vertriebsorientierte Anwendungen mit Mehrwerten (zur Reduktion der Preis-bedeutung und entsprechenden Up-/Cross-Selling-Möglichkeiten)
- Intuitive und interaktive Preisinformation

2. Kunden-Betreuer-Beziehung – Perspektive Kundenbetreuung

Im stärker standardisierbaren und damit grundsätzlich auch automatisierbaren Retailgeschäft haben digitale Pricing-Lösungen eher die Tendenz, die persönliche Kundenbetreuung zu ersetzen. Die Preisinformation und -durchsetzung am Kunden erfolgt „embedded" in den entsprechenden Prozessstrecken. Die Kundenbetreuung wird größtenteils durch entsprechende Reportingtools unterstützt. Darüber hinaus bieten Anwendungen, welche die Kunden mit entsprechenden Mehrwerten ansprechen und in der Nutzung binden, die Möglichkeit, die Vertriebsaktivitäten von einem ineffizienten Push-Effekt in Richtung Kunden zu einem Pull-Effekt von den Kunden in Richtung Kundenbetreuerin/Finanzdienstleister zu drehen.

Bei Segmenten mit vergleichsweise niedriger Kundenanzahl je Betreuer (insb. Firmenkundengeschäft) nimmt die Bedeutung der persönlichen Beziehung zu. Digitale Applikationen können sowohl in der Preisfindung als auch in der Preisdurchsetzung zu einer effizienten und ebenso effektiven Steuerung beitragen. Vornehmliches Ziel ist es, eine auf höchstem Niveau einheitliche Leistungsfähigkeit aller Betreuer sicherzustellen. Anders als im Retailsegment geht es demnach weniger um den Ersatz der persönlichen Betreuung im Pricing als vielmehr um die Anreicherung und Vereinfachung. Hierbei nehmen entsprechende digitale Tools häufig auch einen Schulungscharakter für unerfahrenere Kollegen ein, ohne dass dies zwingend der primäre Zweck der Anwendung sein muss. Argumentationshilfen, Cross- und Up-Selling-Ansätze direkt in den digitalen Prozessstrecken können sowohl die Kunden steuern als auch den Beratern als Leitfaden dienen.

Für das Pricing sind die Informationen aus der direkten Kundeninteraktion relevant – insbesondere in Fällen, in denen der Kunde nicht abschließt, also das Preis-Leistungs-Verhältnis von einem Wettbewerber übertroffen wurde oder andere Gründe zur Absage führten. Ohne diese Informationen unterliegt die gesamte Preissteuerung dem Survival Bias – es werden nur Daten ausgewertet, denen erfolgreiche Abschlüsse zugrunde liegen. Die Erfassung eben dieser elementaren Informationen aus nicht erfolgreichen Abschlüssen ist bisweilen sehr aufwendig und wenig strukturiert. Die Einbindung der entsprechenden Eingaben in den digital unterstützten Workflow ist ein wesentliches Spielfeld im digitalen Pricing.

Die Anwendungsfälle für die Zielgruppe in der Kundenbetreuung sind u. a.:

- Beratungsökosysteme (Pull-Effekt)
- Kundenspezifische Preisargumentationshilfen und Schulungsleitfäden
- Optimierung der Datenqualität und -quantität (Erfassung nicht erfolgreicher Geschäfte)

3. Finanzdienstleister – Backoffice/Marktfolge, Produktspezialisten

Bei einem weiter gefassten Pricing-Verständnis ergeben sich zusätzliche Anwendungsfälle, in denen digitale Lösungen zu einer effizienteren Fallbearbeitung oder höheren Kundendurchdringung beitragen. Wesentlicher Preistreiber aus Sicht der Marktfolge ist die Risikoadjustierung bei Aktivprodukten. Die Optimierung der Bonität ist insbesondere im Retail- wie auch im kleineren Firmenkundensegment mit persönlicher Beratung nicht effizient darstellbar. Durch die digitale Bereitstellung der Daten können wiederum eine (pseudo-) individuelle Beratung angeboten und das Pricing auf Basis von Eingaben der Kunden individualisiert werden. Die daraus gesteigerte Kundenzufriedenheit kann so in Form höherer Margen abgeschöpft werden.

Digitale Daten helfen Produktspezialisten, offene Vertriebspotenziale zielgerichtet anzusteuern. Der Kommunikation zwischen Kundenbetreuerin und Produktspezialistin kommt allgemein eine hohe Bedeutung zu. Digitale Lösungen bieten hier neue Möglichkeiten, die Kollaboration der Einheiten auch in pricingrelevanten Fragestellungen zu vereinfachen.

Die Anwendungsfälle für die Zielgruppe der kundenferneren Abteilungen sind u. a.:

- Bonitätskommunikation/-manager
- Cross-/Up-Selling-Radar
- Pricing-Reporting

4. Finanzdienstleister – Management und Steuerung

Für das (Preis-)Management liegt der Fokus auf effizienter Transparenz. Preisentscheidungen müssen dabei im Einzelnen und in der aggregierten Portfoliosicht jederzeit und transparent verfügbar sein. Digitale Applikationen erlauben die adressatengerechte Aufbereitung in Verbindung mit einem spezifischen Rollen-/Rechtekonzept. Der Zugang zu den Preisinformationen wird dabei je nach Hierarchiestufe und Datenbedarf individuell aufbereitet und auch nur berechtigten Anspruchsgruppen zugänglich gemacht. Die Spezifikation eines Pricing-Reportings für den Vorstand/das Topmanagement unterscheidet sich in der Regel von der Version auf z. B. Teamebene:

Tabelle 1: Beispielhafte Spezifikation eines Teamreportings

	Topmanagement	Stabsmitarbeitende
Ziel	Schneller Überblick (insb. Probleme)	Intuitive Eingriffsmöglichkeit
Gerätefokus	Mobile first/Tablet first	Desktop first
Datenzugriff	Alle	Eingeschränkt
Aggregationsebene	Hochaggregiert	Detailliert, Einzelfallebene

Digitale Applikationen erlauben die Ausdifferenzierung der Lösungen für unterschiedliche Anspruchsgruppen bei gleichzeitiger Sicherstellung einer zentralen Datenwahrheit. Bei statischen Reportings übliche Versionskonflikte, fehlende Fokussierungen auf relevante Daten und eingeschränkte Verfügbarkeiten auf unterschiedlichen Geräten lassen sich dadurch überwinden.

Zu den wesentlichen digitalen Anwendungsfällen für das Management zählen u. a.:

- Pricing-Reporting/-Cockpit
- Sonderkonditionsanträge/-entscheidungen
- Pricing-Potenzial-Identifikation

III. Design

Damit sich eine Pricing-Anwendung sowohl bei internen Mitarbeitenden als auch bei Kunden durchsetzt, muss sie so konzipiert und designt sein, dass sie letztlich die Akzeptanz dieser User gewinnt. Am Beispiel des Onlinebankings lässt sich erkennen, dass zunehmend mehr Kunden auf entsprechende Onlinebankinglösungen umsteigen.[4] Aus verschiedenen Umfragen wird ebenso deutlich, dass die Komplexität und die damit einhergehende Schwierigkeit bei der Benutzung des Onlinebankings weiterhin eine Nutzungshürde darstellen.[5] Ein durchdachtes und erprobtes Design reduziert die wahrgenommene Komplexität und erlaubt ein intuitives Nutzenerlebnis. Der Begriff Design umfasst in diesem Verständnis mehr als rein ästhetische Aspekte: Er beschreibt die gesamte Benutzung und Benutzerführung. Eine durchdachte Onlineanwendung unterstützt die User bei der effizienten Ausführung der gewünschten Tätigkeit und bietet Mehrwerte in einem intuitiven Ablauf, anstatt eine zusätzliche Belastung durch komplexe und schwer verständliche Prozesse darzustellen. Damit wird das Design beispielsweise einer Pricing-Anwendung so auch selbst zu einem Preisfaktor bzw. Preisargument.

Die Designfrage bei Finanzdienstleistungen ist aufgrund der Komplexität und Diversität der verschiedenen Themenbereiche im Banking, aber auch wegen des wenig greifbaren Charakters der angebotenen Services und Produkte ein sehr vielschichtiges Thema und der Weg zur Preisakzeptanz somit kein einfacher. Dass sich Kunden von Optik und Werteversprechen verschiedener Marken lenken lassen, ist in anderen Branchen deutlich ausgeprägter etabliert, und vielfach stellt das Produktdesign einen Kernbestandteil des Produkts selbst dar. Im Finanzbereich haben sich vor allem Challenger-Banken diesen Aspekt zunutze gemacht und setzen mit optimierten und ästhetisch ansprechenden Anwendungen neue Maßstäbe in der Kunde-Bank-Interaktion.

Gleichermaßen kommt auch bei internen Systemen dem Design der Anwendungen eine tragende Rolle zu. Wesentliches Ziel ist auch hier, die Akzeptanz der User zu gewinnen – in diesem Fall, um die Effizienz-

---

[4] Vgl. https://de.statista.com/statistik/daten/studie/533174/umfrage/anteil-der-nutzer-von-online-banking-in-deutschland/
[5] Vgl. https://de.statista.com/statistik/daten/studie/219652/umfrage/gruende-gegen-online-banking/ und https://de.statista.com/statistik/daten/studie/858095/umfrage/umfrage-zu-den-gruenden-gegen-die-nutzung-von-online-banking-in-deutschland/

gewinne aus einer intuitiven Handhabung über die gesamte Organisation hinweg zu realisieren. Auch hierfür gilt es, die Anwendungen „user-centric", also mit der Endanwenderin im Hinterkopf oder noch besser in die Gestaltung eingebunden, zu entwickeln, um tatsächliche Mehrwerte bei der Durchführung der Tätigkeiten zu bieten. Dies schafft den Freiraum, um den Fokus auf die Interaktion mit den Kunden und die Unterstützung zu legen.

Der Weg zur Akzeptanz führt bei internen wie externen Usern über drei Dimensionen: Nur wenn die Anwendung überhaupt und für einen möglichst großen Personenkreis nutzbar und zugänglich ist (Accessibility/Barrierefreiheit), darüber hinaus eine effektive und verständliche Benutzbarkeit gegeben ist (Usability) und schließlich ein positiver (emotionaler) Mehrwert entsteht, kann sich die gewünschte Akzeptanz bei den Anwendern einstellen.

Abbildung 3: Dimensionen der Akzeptanzentwicklung

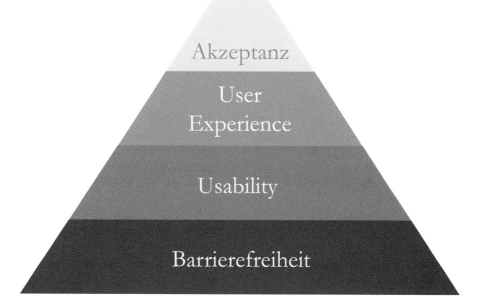

Für die optimale Ausgestaltung der Dimensionen ist es unabdingbar, zunächst die Nutzergruppe mit ihren Wünschen und Problemen möglichst detailliert zu identifizieren. Die Sicht und die Ziele der Bank sind erst einmal zweitrangig, da Akzeptanz letztlich nur über die Erfüllung der Bedürfnisse der Nutzer erreicht werden kann.

1. Barrierefreiheit

Unter Barrierefreiheit versteht man hier, dass Onlineanwendungen auch Menschen mit Beeinträchtigungen zugänglich gemacht werden. Um das Thema Barrierefreiheit auch im Internet zu stärken, wurde bereits im Jahr 2016 die EU-Richtlinie 2102 verabschiedet, welche eine generelle Überprüfung und Optimierung der Barrierefreiheit in verschiedenen Schritten für alle Onlineangebote von öffentlichen Stellen anordnete.[6] Mit dem 2019 verabschiedeten European Accessibility Act[7] werden nun erstmalig auch Finanzdienstleister sukzessive dazu verpflichtet, Teile ihrer Dienstleistungen komplett barrierefrei zur Verfügung zu stellen. Unabhängig von den regulatorischen Vorgaben sollten Anforderungen an barrierefreie Webanwendungen bei der Konzeption und Entwicklung berücksichtigt werden. Einen gängigen Anforderungskatalog für die konkrete Umsetzung von barrierefreien Anwendungen stellen die Web Accessibility Guidelines (kurz: WCAG)[8] dar, welche auch bereits die Basis für die EU-Richtlinie 2102 bildeten. Die WCAG enthalten in ihrer aktuellen Fassung 2.1 zwölf Richtlinien mit rund 61 Kriterien, die sicherstellen sollen, dass unterschiedliche Bedürfnisse an Webanwendungen abgedeckt und damit dem größtmöglichen Personenkreis zugänglich gemacht werden. Altersbedingte Einschränkungen, die häufig sehr ähnliche Anforderungen an die Barrierefreiheit von Webanwendungen stellen, werden hierbei ebenfalls berücksichtigt und dürften auch in Zukunft ein zentrales Thema für viele Finanzdienstleister sein.

2. Usability

Usability legt den Fokus auf die Effizienz und Effektivität in der Anwendungsnutzung. Eine optimale Usability leitet User möglichst schnell (Effizienz) zum gewünschten Ergebnis (Effektivität). Der Usability liegt damit vor allem eine funktionale Betrachtung zugrunde. Anhand der nachfolgenden Fragen kann die Usability näherungsweise überprüft und bewertet werden:[9]

- Welche Probleme meiner Nutzer soll die Anwendung lösen, und schafft die Anwendung diese Problemlösung?
- Ist für den Nutzer verständlich, wie die Anwendung ihn unterstützen kann?

---

[6] Richtlinie (EU) 2016/2102 des Europäischen Parlaments und des Rats über den barrierefreien Zugang zu den Websites und mobilen Anwendungen öffentlicher Stellen, 2016.

[7] Richtlinie (EU) 2019/882 des Europäischen Parlaments und des Rats über die Barrierefreiheitsanforderungen für Produkte und Dienstleistungen, 2019.

[8] W3C: Web Content Accessibility Guidelines (WCAG) 2.1, 2018; https://www.w3.org/TR/WCAG21/ [06.12.2021].

[9] Diese grundsätzlichen Fragestellungen lassen keine ausführliche Betrachtung der tatsächlichen Usability zu. Sie bieten einen groben Rahmen, um sich dem Thema zu nähern und erste Probleme aufzudecken. Die Liste erhebt keinen Anspruch auf Vollständigkeit und ersetzt kein Gespräch mit den tatsächlichen Nutzern. Sie ist als Denkanstoß und erste Annäherung zu verstehen.

- Wird der Nutzer während der Benutzung unterstützt?
- Wird dem Nutzer bei falschen Eingaben geholfen? Sind Fehlertexte verständlich und hilfreich?
- Kann der Nutzer frei in der Anwendung navigieren, Schritte rückgängig machen und auch zurücknavigieren, falls nötig?
- Wird ein einheitliches Sprachbild verwendet, das der Nutzer versteht?
- Ist die Anwendung konsistent gestaltet?
- Ist die Anwendung übersichtlich?
- Sind Icons und verwendete Bilder gängige Symbole oder sollten zusätzliche Erklärungen angezeigt werden?
- Führt jede Aktion, z. B. das Klicken eines Buttons, zu einer erwartbaren Aktion?
- Wurden für alle Eingaben effiziente Eingabemethoden gewählt?
- Unterstützt die Anwendung den Nutzer bei der Eingabe – z. B. automatische Vorgabe des Städtenamens nach der Eingabe der Postleitzahl?
- Vor allem für interne und komplexe Anwendungen: Gibt es Kurzbefehle, die erfahrene Nutzer zusätzlich unterstützen können?

3. User Experience

Die User Experience kann als gesamthaftes Nutzenerlebnis definiert werden, das die Barrierefreiheit und Usability als Aspekte während der Benutzung zwar einschließt und von ihnen beeinflusst wird, aber auch Faktoren abseits der eigentlichen Benutzung und über rein funktionale Aspekte hinaus umfasst. Neben den eher funktionalen Anforderungen aus der Accessibility und Usability stellt sich hier die Herausforderung, dass die Anwendung einen positiven Mehrwert für Nutzer stiften soll. Ähnlich wie auch schon bei der Usability ist diese Betrachtung aber stark nutzerabhängig und variiert daher von Anwendungsfall zu Anwendungsfall. In einem ersten Schritt ist es daher sinnvoll, zunächst die gewünschten Ziele der Anwendung zu definieren und sich grundlegende Fragen zu stellen, um diese dann in fortführenden Tests zu verifizieren:

- Welche (eigentlichen) Ziele haben meine Nutzer und erreichen sie diese durch die Anwendung?
- Welches Problem versucht meine Anwendung zu lösen/welchen Mehrwert soll die Anwendung schaffen?
- Welche Emotionen löst die Nutzung der Anwendung aus?
- Würde ich die Anwendung als Kunde nutzen?
- Schafft die Anwendung einen wahrnehmbaren Mehrwert?
- Werden User die Anwendung weiterempfehlen?
- Ist die Visualisierung in der Anwendung konsistent zum Markenimage und zur Zielgruppe?

Die User Experience kann auch konträr zur funktionalen Usability stehen. Am Beispiel des sogenannten Labour-Illusion-Effekts lässt sich zeigen, dass es sinnvoll sein kann, einen Suchprozess – beispielsweise die Suche nach einem Angebot in einem Vergleichsportal oder die Aufbereitung der Kreditkondition, künstlich zu verlängern. Die längere Wartezeit führt dabei nachweislich dazu, dass Endnutzer das Gefühl haben, dass das angezeigte Ergebnis besser auf ihre

Design und Einsatz digitaler Applikationen im Pricing

Bedürfnisse zugeschnitten ist. Die längere Wartezeit (negative Usability) kann damit zu mehr Vertrauen in das dargestellte Ergebnis führen und damit zu einer positiveren Gesamt-Experience.

Nach den Abwägungen zwischen den Dimensionen der userzentrierten Sicht ist im zweiten Schritt die optimale Balance zwischen Designmaximierung und der ökonomischen Ratio der Bank zu finden. Das Design von Pricing-Anwendungen ist wie dargelegt ein zentraler Faktor, um positive Akzeptanz und damit Effizienz- und Ertragseffekte umzusetzen. Bei jeder Designoptimierung muss jedoch zwingend die Bedingung gestellt werden, dass der zusätzliche Aufwand durch zusätzliche Kosten- oder Ertragsvorteile überkompensiert wird.

IV. Technische Umsetzung

Wenn es um die technische Realisierung einer digitalen Anwendung geht, müssen zunächst einige maßgebende Entscheidungen getroffen werden. Allen voran ist das grundsätzliche Umsetzungsmodell festzulegen. Hierbei lassen sich drei wesentliche Varianten unterscheiden:

1. Externe Lizenzierung

Die mit dem vermeintlich geringsten Aufwand verbundene Variante ist der Einkauf (i. e. die Lizenzierung) einer bereits am Markt vorhandenen Anwendung eines Drittanbieters. Die Software ist bereits entwickelt und wird – je nach Individualisierungsbedarf – an die Wünsche der jeweiligen Bank oder Sparkasse angepasst. Mit einer lizenzierten Software lassen sich in der Regel auch kurzfristige Umsetzungen realisieren. Zudem können die Kosten vergleichsweise gering ausfallen, wenn der Hersteller Skaleneffekte erzielt und an die Kunden (teilweise) weitergibt. Als Manko können sich jedoch die Abhängigkeit vom Drittanbieter und die damit einhergehende schwierigere Individualisierbarkeit herausstellen. Die Lizenzierung ist daher in Anwendungsfällen vorteilhaft, in denen kein Wettbewerbsvorteil herausgearbeitet werden muss und die Individualisierungswünsche gering ausgeprägt sind.

2. Individualentwicklung

Eine Individualentwicklung, also eine selbst ausgestaltete und umgesetzte Lösung, die für einen spezifischen Use Case der Bank beauftragt und selbst entwickelt wird, stellt den Gegenpol zur Lizenzierung dar. Bei der Eigenentwicklung sind der Individualisierbarkeit keine Grenzen gesetzt, allerdings können sich die Kosten dementsprechend als unüberwindbare Hürde erweisen. Um dem Kostenpunkt Einhalt zu gebieten, können in der Individualentwicklung bestehende Komponente und Module von Drittanbietern eingesetzt werden. Dadurch lassen sich die Vorteile der beiden Varianten kombinieren.

3. Gruppenlösung

Eine weitere Möglichkeit, die Kostenbarriere der Eigenentwicklung zu umgehen, ist die gemeinschaftliche Eigenentwicklung („Gruppenlösung"). Hierbei entwickeln mehrere Institute die Lösung gemeinsam bzw. lassen diese entwickeln. Die Entwicklungs- und Betriebskosten können entsprechend auf mehrere Träger verteilt werden. Eine Lizenzierung der Lösung an weitere Partner ist auch im späteren Zeitverlauf nicht ausgeschlossen. Die unmittelbaren finanziellen Vorteile werden jedoch zulasten eines höheren Abstimmungsaufwands, einer sinkenden Umsetzungsgeschwindigkeit und einer eingeschränkten Individualisierbarkeit erkauft. Nicht selten ergibt sich nur der kleinste gemeinsame Nenner aus dem Prozess. Bei einer guten Zusammenarbeit kann die Gruppenlösung wiederum eine wertvolle Alternative sein – insbesondere innerhalb einer Bankengruppe (vgl. Tabelle 2).

Beim Customizing der lizenzierten Software wie auch der Eigenentwicklung (allein oder in der Gruppe) steht zusätzlich noch die Entscheidung im Raum, ob die Anwendungsentwicklung extern beauftragt oder intern umgesetzt wird. Dies muss ähnlich wie bei allen Softwarelösungen für jede Anwendung und jeden Anwendungsfall neu überdacht werden und kann nicht pauschal für alle Pricing-Tools beantwortet werden. Insbesondere die geplante Weiterentwicklung, aber auch die Langfristigkeit der gewünschten Lösung sollten hierbei eine genaue Betrachtung erfahren. Das Outsourcing birgt grundsätzlich einen potenziellen Verlust des IT-Know-hows und schafft eine Abhängigkeit zum Dienstleister. Die externe Vergabe der Umsetzung kann sich allerdings als pragmatische Alternative erweisen, vor allem in Bezug auf eine kurzfristige Realisierung von Softwarelösungen und damit auch eine schnelle Bereitstellung der Lösung für die Kunden.

Das Pricing ist ein zentraler Hebel für die Gewinn-und-Verlust-Rechnung. Die in der Digitalisierung schlummernden Potenziale werden – unabhängig vom Umsetzungsmodell – nur über entsprechende Investments zu heben sein. Für einzelne Institute kann sich die Situation ergeben, dass der Business-Case einer Eigenentwicklung keine positive Balance findet. Nicht alle digitalen Pricing-Tools müssen jedoch hochindividuell auf die Bank ausgerichtet sein. Vor allem dort, wo die Anwendung keine Kernkompetenzen der Bank tangiert, lassen sich durch Einkäufe bzw. die Lizenzierung von externen, standardisierten Softwarelösungen entsprechende Skalenvorteile realisieren.

Tabelle 2: Übersicht Umsetzungsmodelle

	Kosten	Individualisierbarkeit	Zeitlicher Aufwand
Lizenzierung	Gering/moderat	Eingeschränkt	Gering
Individualentwicklung	Hoch	Vollumfänglich	Moderat/hoch
Gruppenlösung	Gering/moderat	Eingeschränkt/vollumfänglich	Hoch

V. Praxisbeispiele

Die Herausforderungen im Design und in der technischen Umsetzung von digitalen Lösungen, die letztlich zu einem spürbar positiven ökonomischen Effekt beitragen, sind unbestreitbar vorhanden. Die nachfolgend vorgestellten und bereits am Markt bestehenden Lösungen senden das eindeutige Signal, dass die Digitalisierung Schritt für Schritt erfolgreich gelingen kann.

1. Hausbankbonus

In den vergangenen Jahren haben sich zahlreiche Banken und Sparkassen vom Angebot eines kostenlosen Girokontos abgewandt oder bestehende Kontoführungsgebühren angehoben. Um den daraus potenziell resultierenden negativen Ertragseffekt einer Kundenabwanderung zu minimieren, kommt der Kommunikation der Vorzüge einer umfassenden (Hausbank-)Beziehung besondere Bedeutung zu. Die Anwendung **Hausbankbonus** verschafft in diesem Kontext den Kunden einen genauen Überblick über sämtliche Produkte der Bank und verknüpft dies mit einem Bonussystem. Je nach bestehender Produktnutzung wird dem Kunden ein Rabatt auf die neuen bzw. geänderten Kontoführungsgebühren gewährt und in der Anwendung prominent visualisiert. Zudem besteht die Möglichkeit, den zusätzlichen Rabatt bei Inanspruchnahme weiterer Produkte der Bank zu simulieren.

Die Anwendung ist über jedes Endgerät und jeden Browser aufrufbar. Mittels generierter eindeutiger Identifizierungsnummer (kurz: ID) gelangt die Nutzerin in ihre persönliche Ansicht mit bereits individualisiert vorbelegter bestehender Produktnutzung. Die Bestandsdaten werden dabei per entsprechender Routine durch die Bank in einem gesicherten Verfahren regelmäßig aktualisiert. In der persönlichen Ansicht werden den Kunden in sechs Bedarfsbereichen die von ihnen genutzten Produkte angezeigt (vgl. Abbildung 4[10]).

Das Belohnungssystem wird transparent in Textform und entsprechenden Visualisierungen erläutert. Die Kunden können selbstständig in den einzelnen Kategorien prüfen, welche Produkte zusätzlich relevant bzw. interessant sind, und simulieren, welche Auswirkungen der Produktabschluss auf die Kontoführungsgebühren hätte. Die Berechnung der Rabatte basiert auf einer individuellen Logik je Bank bzw. Sparkasse, welche wiederum unter Berücksichtigung von Abwanderungseffekten und der jeweiligen Kundenstruktur abgestimmt wird.

Neben der Kommunikation und Interaktion in Richtung Kunden kommt der Hausbankbonus auch intern bei den Kundenberatern zum Einsatz. Durch die im CRM hinterlegten IDs haben die internen Mitarbeitenden jederzeit die Möglichkeit, einen Einblick in den aktuellen Bonusstatus der jeweiligen Kunden zu erhalten. Dies bietet eine zusätzliche, gut aufbereitete und gleichermaßen auch ästhetisch ansprechende Übersicht, um im Gespräch mit den Kunden die aktuell abgeschlossenen Produkte wie auch potenziell weitere nützliche Produkte zu diskutieren.

---

[10] Die Bedarfsbereiche im dargestellten Beispiel orientieren sich an der Beratungslogik der Genossenschaftlichen FinanzGruppe, die Logik kann individuell je Institut angepasst werden.

2. Kontofinder

Bei Neuabschluss eines Kontos oder Wechsel des Kontomodells (teilweise auch gezwungenermaßen durch Veränderungen in der Kontomodellstruktur) wird angestrebt, die Kunden in ein eher hochpreisiges Kontomodell zu navigieren. Dabei soll der Kunde ein möglichst attraktives Preis-Leistungs-Verhältnis mit seiner Wahl verbinden. Die digitale Anwendung „Kontofinder" geht daher über ein bloßes Frage-Antwort-Spiel hinaus, sondern zeigt im Rahmen einer bedarfsgerechten Beratung die Mehrwerte der Kontomodelle auf. Die Kunden haben in mehreren, aufeinanderfolgenden Fragen die Möglichkeit, das für sie passende Konto zusammenzustellen. Die Auswahl wird durch automatisierte, individuell angepasste Vorschläge sowie durch entsprechende Mehrwertargumentationen erleichtert und unterstützt (vgl. Abbildung 5).

Abbildung 4: Hausbankbonus

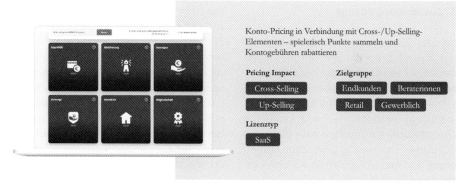

Abbildung 5: Kontofinder

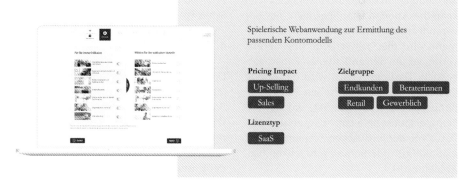

Die Ausgestaltungen der Fragen sowie der entsprechenden Eingabemöglichkeiten und Unterscheidungen in der Kontoauswahl werden individuell je Bank definiert. Insbesondere die integrierte Mehrwertargumentation hat sich im Livebetrieb als wertvolles Instrument für (vor allem noch unerfahrene) Kundenberater erwiesen. Der Kontofinder dient wahlweise als Schulungsinstrument oder im Kundengespräch als „Spickzettel" für die optimale Beratung der Kontoauswahl.

3. Zustimmungslösung

Bei der Zustimmungslösung handelt es sich eigentlich um ein Erweiterungsmodul der weiter oben beschriebenen Hausbankbonusanwendung, das aber auch „standalone" (i. e. ohne Hausbankbonusanwendung) betrieben werden kann. Die Lösung wurde konzipiert, um die durch das BGH-Urteil[11] notwendig gewordene Zustimmung zur Änderung der Kontoführungsgebühren auf möglichst einfache Weise (Kundenperspektive) und kosteneffizient (Bankperspektive) einzuholen. Durch die Verbindung mit der Hausbankbonuslösung kann den Kunden allerdings nicht nur der veränderte Preis angezeigt werden, vielmehr wird die Preisveränderung bereits verringert um den enthaltenen Rabatt dargestellt. Darüber hinaus wird der Kunde im Anschluss zur klassischen Hausbankbonusansicht weitergeleitet, um weitere Ersparnispotenziale aufzudecken und den Fokus von der juristischen Zustimmung auf eine umfassende Beratung zu lenken (vgl. Abbildung 6).

Die Zustimmungslösung setzt entsprechend auf die erprobte Hausbankbonusinfrastruktur auf. Der Kunde erhält eine angepasste ID, die das Zustimmungsmodul abruft. Die Auswahl des Kontomodells bzw. Bestätigung der Gebührenanpassungen wird aus Sicherheitsgründen mit einem zweiten Faktor abgesichert, wahlweise einem zusätzlichen Passwort. Die Erfahrung zeigt, dass die Zustimmung bei einzelnen Kunden einer mehrfachen Erinnerung bedarf. Dies ist entsprechend hinterlegt: Falls ein Kunde die Zustimmungslösung wiederholt aufruft, ohne ein Kontomodell auszuwählen, wird z. B. zusätzlich die Möglichkeit angezeigt, ein Gespräch mit einer Beraterin zu vereinbaren, um eventuelle Unklarheiten lösen zu können. Die Eskalationskaskade kann dabei individuell festgelegt werden. Ziel ist, die Verbindlichkeit im Prozess sukzessive zu erhöhen und die kostenintensiveren Varianten bei Einholung der Zustimmung auf eine möglichst kleine Kundengruppe und möglichst spät im Zeitverlauf einzusetzen.

Die Anwendung ist vor allem für die Preisdurchsetzung gedacht und bietet durch die Anbindung an den Hausbankbonus zusätzliches Potenzial für das Up-Selling.

4. Pricing-Dashboard

Die Preisdurchsetzung am Kunden kann letztlich nur so gut funktionieren, wie die Preisfindung intern aufgesetzt ist. Vielfach finden sich in den Finanzhäusern zu letzterem Punkt keine oder nur unzureichende Aufbereitungen. Das Pricing-Dashboard ist der Einstieg in ein professionalisiertes Preis-

---

[11] Vgl. https://www.bundesgerichtshof.de/SharedDocs/Pressemitteilungen/DE/2021/2021088.html (zuletzt geprüft am 29.12.2021).

management. Vergleichbar mit Lösungen für die Endkunden wird beim Pricing-Dashboard ein großes Augenmerk auf die User Experience der Mitarbeitenden im Preismanagement gelegt (vgl. Abbildung 7).

Ziel ist es, fundierte Entscheidungen sowie eine Individualisierung in der Preisfindung zu ermöglichen und mithin durch eine Abschöpfung der individuellen Preisbereitschaft höhere Erträge je Kunde zu erzielen. Hierzu werden Bestandsdaten eingelesen und verarbeitet. Auf Grundlage dieser Daten lassen sich entsprechende Handlungsbedarfe feststellen, indem ungenutzte Margenpotenziale berechnet und visualisiert werden. Zudem findet eine Definition von Pricing-/Individualisierungsparametern statt. Mit grafischer Unterstützung können beispielsweise die Effekte der Kundenbeziehungsdauer, des Obligos des jeweiligen Engagements, der Bonität und vieler weiterer Faktoren auf die Nettomarge bewertet und für zukünftige Preisentscheidungen justiert werden. Auf Basis initialer Workshops sind Banken und Sparkassen dann autark in der Nutzung des Pricing-Dashboards und können so eine dauerhafte Optimierung der Preisfindung sicherstellen.

Abbildung 6: Zustimmungslösung

Abbildung 7: Pricing-Dashboard

VI. Quo vadis, digitales Pricing?

Das digitale Pricing steckt – zumindest bei Betrachtung der Finanzdienstleistungsbranche – noch in den Kinderschuhen. Die Möglichkeiten und das digitale Potenzial sind bisher weitestgehend unangetastet. Daher werden sich die Bemühungen in den nächsten Jahren vornehmlich in Grundlagenarbeiten niederschlagen. Der Fokussierung innerhalb der weiter oben in Abschnitt II. beschriebenen Zielgruppen und Use Cases kommt eine zentrale Bedeutung zu. Die Qualität einzelner Anwendungen und Lösungen schlägt dabei die Masse halbherzig begonnener Ansätze. Nur bei ausreichender Priorisierung und entsprechend kapazitiver Ausstattung des Produktdesigns – nach dem Verständnis gemäß Abschnitt III. – können die angestrebten Effekte der Digitalisierung in Form von steigenden Erträgen und höherer Effizienz auch tatsächlich realisiert werden. Damit die Digitalisierung im Pricing nachhaltig verfolgt werden kann, muss in der technischen Umsetzung die passende Balance zwischen individuellen Gestaltungsfreiheiten und Investitionsrisiko gefunden werden (Abschnitt IV.). Die in Abschnitt V. aufgezeigten Praxisbeispiele verdeutlichen, dass die Digitalisierungsmöglichkeiten vielfältig sind und pragmatisch angegangen werden können.

Pricing-Dimensionen, wie sie in anderen Branchen bekannt sind, werden zumindest kurz- bis mittelfristig noch unerreicht bleiben. Während beispielsweise die Preisfindung in der Mobilitätsbranche die Granularität stetig verfeinert (z. B. ändert sich der Preis einer Uber-Taxifahrt je nach Wetterlage), werden die Digitalisierungsaktivitäten bei Banken eher gröberer Natur sein.

Das kundenindividuelle Pricing muss zwingend in die Entwicklung digitaler Prozessstrecken aufgenommen und in einem integrativen Ansatz gedacht werden. Vielfach wird es hier noch erheblicher Anstrengungen beim Umbau der Produkte bedürfen. Die schnelle Umsetzung ist jedoch unerlässlich. Die Sammlung von Erfahrungswerten und -daten in möglichst großer Zahl ist die Grundlage weiterer Optimierungen im Preismanagement. Darüber hinaus wird es für alle Dienstleister, die nicht auf Preisführerschaft abzielen, eine zentrale Aufgabe sein, die Mehrwertigkeit digitaler Tools zu erkennen und in entsprechenden Lösungen umzusetzen. Die vielfach noch gering priorisierte User Experience in den heutigen Anwendungen begrenzt das Potenzial bestenfalls auf einen internen Effizienzgewinn, schafft jedoch keine Preisspielräume bei den Kunden. Die Qualität digitaler Tools kann ein entscheidender Baustein sein, um die weitestgehend vergleichbaren Dienstleistungen mit echten Differenzierungsmerkmalen auszustatten.

Neben der Differenzierung gegenüber den Kunden werden digitale Tools dabei helfen, das Pricing innerhalb der Banken sukzessive zu strukturieren, zu vereinfachen und dadurch auch zu professionalisieren. Sowohl die vereinfachte Erfassung von Daten als auch die aktionsorientierte Aufbereitung von pricingrelevanten Informationen in der Kundenbetreuung, dem Backoffice und in den Managementfunktionen sind wesentliche Grundlagen.

Die Bedeutung des Pricings ist zu groß und das Potenzial der Digitalisierung zu offensichtlich, als dass eine Vernachlässigung digitaler Umsetzungen noch länger haltbar wäre. In den nächsten Jahren wird daher aller Voraussicht nach ein deutlicher Digitalisierungsschub auch im Pricing Einzug erhalten – sowohl aus der kundenzugewandten als auch aus den verschiedenen internen Perspektiven.

J. „Der wahre Elefant im Raum"?[12] – Nachhaltigkeit/ESG in Regionalbanken

I. Einleitung

„Bei unveränderten Rahmenbedingungen und nachlaufenden COVID-19-Effekten wird vor allem ESG den Bankensektor in den nächsten Jahren bewegen".[13] Das Thema Nachhaltigkeit – oder ESG (Environment – Social – Governance) – gewinnt im Finanzbereich zunehmend an Bedeutung. Dies lässt sich zum einen auf eine gestiegene Nachfrage auch bei Finanzprodukten nach sozialen und ökologischen Aspekten zurückführen, vor allem aber sind es neue Regeln und Vorschriften, die Banken umsetzen müssen, was enorme Anstrengungen erfordert und kostentreibend wirken wird. Wichtige Themen sind noch in der Diskussion, was einen klaren Fahrplan für die Umsetzung erschwert.

Durch die Ausgestaltung von Finanzierungen und Anlageprodukten sollen Banken ihren Beitrag zur Erreichung der 17 UN-Nachhaltigkeitsziele (Sustainable Development Goals, kurz SDGs) und der Ziele des Pariser Klimaabkommens, leisten. Im Privatkundenbereich sind es vor allem Baufinanzierungen und Finanzierungen von Mobilität, die nun auf den Prüfstand gehören. Girokonten sind in Bezug auf Wesentlichkeitsaspekte weniger relevant; sie sind eher für das Marketing der Bank von Bedeutung.

Über „nachhaltige" Girokonten (mit dem Wort „nachhaltig" sollten Produktgestalter in dem Zusammenhang zurückhaltend umgehen) können Banken durch Mittelzuflüsse die Arbeit von regionalen Vereinen und Projekten unterstützen oder durch Cashback-Ideen Händler (in ihrer Region) einbinden und auf diese Weise die (heimische) Wirtschaft stärken. Girokonten verknüpft mit sozialen oder ökologischen Aspekten liefern, authentisch gestaltet, einen positiven Anlass zum Dialog mit Kunden. Bei dem Thema Nachhaltigkeit geht es auch um Reputation: Im positiven Fall um den Aufbau eines guten Rufs als verantwortlicher Akteur, im schlimmsten Fall können Imageschäden entstehen, z. B. durch die Finanzierung „brauner" Unternehmen oder von in der Öffentlichkeit kritisch betrachteten Projekten. Um glaubwürdig zu sein und eine Vorbildfunktion auszufüllen, ist die Gestaltung des eigenen Betriebs nicht zu unterschätzen (Stichwort „Corporate Social Responsibility", kurz CSR).

Die (nicht-)finanzielle Berichterstattung (NFRD bzw. CSRD), die Offenlegungsverordnung für nachhaltige Finanzprodukte (SFDR) und die Taxonomieverordnung sollen in den kommenden Jahren den Weg zu einer nachhaltigen Wirtschaft in der EU ebnen.

---

[12] zeb.European Banking Study, 1/2021; sofern nicht anders angegeben basiert der Artikel auf Studien, Projektsteckbriefen und Projektunterlagen von Unternehmen der zeb-Gruppe oder auf den Websiteinhalten der genannten Finanzdienstleister, Verbände und Unternehmen.

[13] zeb.European Banking Study, 1/2021.

Auch wenn rechtlich noch einiges unklar ist, sollten sich Banken unbedingt jetzt mit dem Thema Nachhaltigkeit/ESG befassen. Gerade für agile Banken dürften neue Wachstumschancen in den erforderlichen Investitionen für den Umbau in eine „grüne Wirtschaft" liegen.

Der Fokus des Beitrags liegt auf Regionalbanken und ausschließlich auf dem Privatkundenbereich – obschon der größere Hebel für eine nachhaltige Entwicklung und Transition der Wirtschaft im Firmenkundengeschäft liegt. Ziel des vorliegenden Artikels ist es, das Thema „Nachhaltigkeit/ESG" anzureißen, ohne tiefer auf Details einzugehen oder einen Anspruch auf Vollständigkeit zu erheben.

II. Was ist Nachhaltigkeit, was ESG?

Nachhaltig zu leben und zu wirtschaften ist – historisch betrachtet – bei Weitem nichts Neues. Für Genossenschaftsbanken ist das Thema Nachhaltigkeit/ESG eng mit der Herkunftsgeschichte und dem Wertekern verbunden. Der genossenschaftliche Förderauftrag (GenG § 1) ist seit jeher Leitstern der Geschäftspolitik, die Verbindung von wirtschaftlichem Erfolg und verantwortungsbewusstem Handeln seit über 150 Jahren inhärentes Merkmal. Das Handeln gegenüber den Stakeholdern – Mitarbeitende, Mitglieder, Kunden, Nachbarn usw. – ist in diesem Sinne von Transparenz, sozialer Nähe und Fairness geprägt. Neben sozialen Aspekten werden sehr deutlich auch ökologische Themen adressiert. Ähnlich gelagert ist das Selbstverständnis der Sparkassen, das 2020 mit der „Selbstverpflichtung deutscher Sparkassen für klimafreundliches und nachhaltiges Wirtschaften" einen Rahmen für eine „nachhaltige" Ausrichtung erhalten hat. In der Präambel heißt es: „Das Nachhaltigkeitsverständnis der Sparkassen wird maßgeblich geprägt durch verantwortungsvolles Handeln in ihrem Geschäftsgebiet, den öffentlichen Auftrag und ihr unternehmerisches Selbstverständnis sowie durch die Grundsätze für verantwortungsbewusstes Bankwesen der Vereinten Nationen (Principles for Responsible Banking, United Nations Environment Programme Finance Initiative)."

Eine fest umrissene Definition von Nachhaltigkeit ist nicht vorhanden, ein gemeines Verständnis lässt sich lediglich herleiten. Die Enquete-Kommission des Deutschen Bundestags formulierte 1998 zum „Schutz des Menschen und der Umwelt": „Nachhaltigkeit ist die Konzeption einer dauerhaft zukunftsfähigen Entwicklung der ökonomischen, ökologischen und sozialen Dimension menschlicher Existenz." Die drei Dimensionen der Nachhaltigkeit – Ökonomie, Ökologie und Soziales – stehen „miteinander in Wechselwirkung und bedürfen langfristig einer ausgewogenen Koordination". Diese Definition braucht den Generationengedanken der Brundtland-Kommission aus dem Jahre 1987: „Nachhaltige Entwicklung ist eine Entwicklung, die den Bedürfnissen der heutigen Generation entspricht, ohne die Möglichkeiten künftiger Generationen zu gefährden, ihre Bedürfnisse zu befriedigen". Hierin wurzeln auch die 17 SDGs, das Kernstück der „Agenda 2030" der Vereinten Nationen, die am 1. Januar 2016 in Kraft traten. Die SDGs berücksichtigen erstmals alle drei Dimensionen der Nachhaltigkeit gleichermaßen. Ihnen sind fünf Kernbotschaften als handlungsleitende Prinzipien vorangestellt: „People, Planet, Prosperity, Peace, Partnership". Die Ziele gelten für alle Staaten, Entwicklungsländer, Schwellenländer und Industriestaaten. Das heißt: *Alle* müssen ihren Beitrag leisten. Demnach sind auch Finanzdienstleister gefragt: erstens in ihrer Rolle als regionales Unternehmen und zweitens in ihrer transformatorischen Rolle (Darlehen und Anlagen). Sie sollten/müssen Nachhaltigkeit in ihre strategische Ausrichtung integrieren und Umwelt- und Sozialorientierung in alle bzw. alle wesentlichen Aspekte des unternehmerischen Handelns einbringen. Der Erfolg wird damit im ökonomischen Sinne gemessen sowie in Bezug auf den Mehrwert, den das Unternehmen in der natürlichen und sozialen Umwelt schafft. In diesem Zusammenhang wird (meist) von Corporate Social Responsibility gesprochen. Gemeint ist die soziale, ökologische und ökonomische Verantwortung von Unternehmen in allen Bereichen der Unternehmenstätigkeit, also von der eigentlichen Wertschöpfung bis hin zu den Beziehungen mit Beschäftigen, Zulieferern, Kunden und dem Gemeinwesen. Dem Nachhaltigkeitsmanagement von Regionalbanken obliegt es demnach, die unternehmerische Tätigkeiten so zu steuern, dass negative Auswirkungen u. a. auf die Umwelt und die Gesundheit vermindert werden, während die Wirkung sozialer und ökologischer Leistungen dahingehend verbessert wird, dass (im Optimalfall) Umsatz, Gewinn, Reputation und Wettbewerbsfähigkeit sogar steigen.[14]

Die drei Buchstaben „ESG" (Environment – Social – Governance) sind außerhalb der Finanzwelt wenig bis gar nicht bekannt und werden im täglichen Sprachgebrauch nicht verwendet. Die Europäische Kommission definiert: „Umwelt, Soziales und Governance sind integrale Bestandteile einer nachhaltigen wirtschaftlichen Entwicklung und des Finanzwesens".[15] Öfter noch trifft man als Verbraucher auf den Begriff „Grüne Finanzen". „Grüne Finanzen" meint „die gebührende Berücksichtigung ökologischer und sozialer Erwägungen bei Investitionsentscheidungen, was zu verstärkten Investitionen in längerfristige und nachhaltige Aktivitäten führen soll". Die ökologischen Überlegungen zielen auf die „Minderung des Klimawandels und die Anpassung an den Klimawandel sowie die Umwelt im weiteren Sinne und die damit verbundenen Risiken (z. B. Naturkatastrophen). Soziale Erwägungen können sich auf Fragen der Ungleichheit, der Inklusivität, der Arbeitsbeziehungen, der Investitionen in Humankapital und der Gemeinschaften beziehen."[16] Pflichtlektüre ist in diesem Zusammenhang das „BaFin-Merkblatt zum Umgang mit Nachhaltigkeitsrisiken". Die BaFin definiert Nachhaltigkeitsrisiken als „Ereignisse oder Bedingungen aus den Bereichen Umwelt, Soziales oder Unternehmensführung, deren Eintreten tatsächlich oder potenziell negative Auswirkungen auf die Vermögens-, Finanz- und Ertragslage sowie auf die Reputation eines beaufsichtigten Unternehmens haben können."[17]

---

[14] UPJ-Leitfaden: Verantwortliche Unternehmensführung – Corporate Social Responsibility (CSR) im Mittelstand.
[15] Wörtlich übersetzt nach: https://ec.europa.eu/info/business-economy-euro/banking-and-finance/sustainable-finance_de
[16] Ebd.
[17] BaFin-Merkblatt zum Umgang mit Nachhaltigkeitsrisiken.

Pflichthandlungsfelder liegen damit in der Strategie, Steuerung und im Risikomanagement, im Bereich der Eigenkapitalanforderungen sowie im Bereich der nicht-finanziellen Berichterstattung (derzeit noch für Banken ab 500 Mitarbeitenden). Im Kerngeschäft wirken momentan vor allem die Offenlegung und die anstehende Präferenzabfrage auf die Anpassung von Vertriebs- und Beratungsprozessen, Prospekten, Websites usw. Letztlich wird die ganze Bank von Nachhaltigkeit erfasst. Die wichtigsten regulatorischen Initiativen sind in Abbildung 1 zusammengefasst. Die „echten Hebel" liegen in den Handlungsfeldern Risikomanagement und Steuerung sowie im Kerngeschäft – was jedoch nicht heißt, dass sich das Management (oder die Nachhaltigkeitsverantwortlichen) nicht auch über Maßnahmen im Betrieb (Personal, Gebäude, Fuhrpark, Einkauf) Gedanken machen müssen. In welchem Umfang hängt auch vom eigenen Ambitionsniveau ab: Minimum-CSR oder doch Pionier à la GLS-Bank (vgl. Abbildung 2)?

Abbildung 1: Aktuelle regulatorische Initiativen – hier mit Fokus auf deutsche Regionalbanken (Quelle: zeb.research)

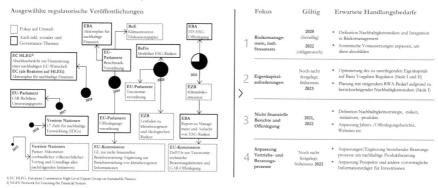

Abbildung 2: Bankmodell – von Nachhaltigkeit/ESG betroffene Handlungsfelder einer Bank (Quelle: zeb.research)

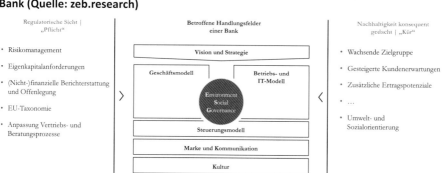

„Der wahre Elefant im Raum"? – Nachhaltigkeit/ESG in Regionalbanken

Welche Themen/Maßnahmen wirklich wesentlich sind, variiert und kann nur mit einer umfassenden Umfeldanalyse inklusive Analyse der Stakeholder (Anspruchsgruppen) und nach Auswertung entsprechender Stakeholderdialoge beantwortet werden. Gerade die kontinuierliche Kommunikation mit den Stakeholdern gibt die Erwartungen wieder – und damit auch, welche möglichen Reputationsrisiken bei Nichterfüllung bestehen können. Neben Kunden (und Mitgliedern), potenziellen Kunden, jungen Kunden, senioren Kunden („Silver Society", „Best Ager") muss das Management unbedingt auch die Erwartungen der Mitarbeitenden an die Ausrichtung der Bank einbeziehen. Die Region, die Kommune, soziale engagierte Vereine, Umweltschutzorganisationen und Wettbewerber sind ebenfalls nicht zu vernachlässigen. Um erfolgreich soziale und ökologische Aspekte zu integrieren, spielen auch Managementstrukturen, Arbeitnehmerbeziehungen und die Vergütung (von Führungskräften) eine wichtige Rolle. Die Klammer bilden Unternehmenskultur und Führung, die mit der Kommunikation nach außen und innen sinnhaft zusammenspielen müssen. Grundsätzlich gilt: „Practice what you preach". Nur Produkte ins „Schaufenster" stellen, wird nicht reichen. Die Bank wird zunehmend gläserner, und von den Erwartungen aller Interessengruppen (u. a. der Bewerbenden) war bisher nicht einmal die Rede.

III. Was wollen Kunden?

2020 hat zeb gemeinsam mit dem Sinus-Institut eine Befragung unter Privatkunden durchgeführt. Wie viele andere Studien zeigt auch die zeb.Nachhaltigkeitsstudie:

- Die Zahl der Nachhaltigkeitsüberzeugten hat sich in den vergangenen Jahren verdoppelt (9 % gegenüber 4 % im Jahr 2014, siehe zeb.Social Banking Study). Für diese Gruppe hat Nachhaltigkeit eine große Bedeutung im Alltag und bei Finanzen.
- Von 19 % auf 55 % gewachsen ist die Gruppe der Nachhaltigkeitsorientierten. Diese Gruppe ist besonders interessant für Regionalbanken. Während Zugehörige der Gruppe der Nachhaltigkeitsüberzeugten längst Kunden bei originär nachhaltigen Kreditinstituten/Alternativbanken (wie der GLS-Bank oder der Umweltbank) sind, ist es gerade die weiter wachsende Zielgruppe der Nachhaltigkeitsorientierten, die eine Affinität zu Nachhaltigkeit im Alltag oder bei Finanzen hat und das, was sie sucht, vielleicht bei (entsprechend aufgestellten) Regionalbanken finden kann. Besonders interessant wird diese Zielgruppe vor allem dann, wenn zugleich zu beobachten ist, dass die Zahl der konventionellen Kunden, für die Nachhaltigkeit keinen hohen Stellenwert im Alltag und bei Finanzen hat, weiter stark schrumpft (2014: 77 %, 2020: 36 %).

So geben in der gleichen Befragung 11 % der Teilnehmenden an, dass sie bereits Kunde bei einer „nachhaltigen" Bank sind, während sich 23 % keine nachhaltig(er)e Ausrichtung ihrer Hausbank wünschen. 66 % haben jedoch den Anspruch, dass sich ihre Hausbank in Richtung einer nachhaltigen Bank deutlich weiterentwickelt. Hier liegen die Potenziale für Regionalbanken. Nach zeb-Einschätzung werden etwa zwei Drittel der Ertragspotenziale im Privatkundengeschäft durch Nachhaltigkeit tangiert (vgl. Abbildung 3).

Abbildung 3: Ertragspotenziale aus dem „Green Deal" – Privatkunden (Darstellung: zeb; Quelle: Marktforschung Sinus-Institut; zeb.research; zeb.Nachhaltigkeitsstudie 2020)

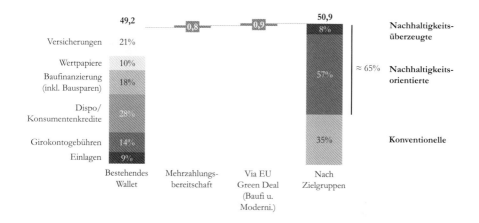

Durch erwartete Mehrpreisbereitschaft und den „Green Deal" wird mit einem Zusatzpotenzial von 1,7 Mrd. EUR gerechnet – bei weiter steigender Mehrpreisbereitschaft und einer wachsenden Gruppe nachhaltigkeitsorientierter Kunden. Ergebnisse diverser Studien zum Thema Preisbereitschaft fallen auseinander: von der Bereitschaft, für Nachhaltigkeit auf zwischen 1 % und 5 % Rendite zu verzichten, über hohe Renditeerwartungen und keine zusätzliche Zahlungsbereitschaft bis zu einer sehr heterogenen Zahlungsbereitschaft – in Abhängigkeit von sozio-demografischen Faktoren, der Qualität der Nachhaltigkeitsinformation, dem Nachhaltigkeits-Impact sowie Einstellungen und Emotionen (etwa „warm glow"). Bei Konsumgütern wie Lebensmitteln und Kleidung lässt sich diese Entwicklung schon länger beobachten. Der Preis bleibt wesentlicher Treiber des Konsums, wenn auch Konsumierende bereit sind, für nachhaltige Produkte oder nachhaltigere Alternativen mehr zu bezahlen. Hersteller und Verbraucherschutz versuchen, durch Siegel und Labels eine entsprechende Transparenz herzustellen. Für Finanzprodukte sind bisher lediglich Labels für Geldanlagen vorhanden (Siegel des Forums Nachhaltige Geldanlagen (FNG)). Damit kommt der bankeigenen Berichterstattung (etwa CSR-Bericht) eine umso höhere Bedeutung zu.

Regionalbanken sollten also – nach einer Umfeldanalyse – relevante und authentische Angebote schaffen (ansonsten wachsen die Kundenbestände der GLS-Bank und anderer Nachhaltigkeitsbanken deutlich weiter). Was hierbei unter keinen Umständen passieren darf: Greenwashing. Greenwashing bezieht sich auf Maßnahmen, insbesondere kommunikative Aktivitäten, die darauf abzielen, ein „grünes Image" in der Öffentlichkeit zu erzeugen – ohne, dass dem

„Der wahre Elefant im Raum"? – Nachhaltigkeit/ESG in Regionalbanken

Kerngeschäft eine ausreichende ökologische Leistung gegenübersteht. Bei sozialen Aspekten spricht man auch von „Bluewashing", in Anlehnung an Greenwashing und die Farbe der Vereinten Nationen (UN).[18]

IV. Ideen für mehr ESG im Privatkundengeschäft

Auf der Suche nach der richtigen Ausrichtung der Produktpalette und nach Produktideen im zentralen Handlungsfeld „Kerngeschäft" sollten Potenziale und Risikoaspekte betrachtet und die Regulatorik fortwährend im Blick behalten werden. Ideen lassen sich durch Marktscreenings und Wettbewerbsanalysen oder durch agile Kreativmethoden finden. Es empfiehlt sich auch immer der Austausch mit Kooperationspartnern, den Verbundunternehmen und regionalen Unternehmen (alle auch Stakeholder der Bank).

Mögliche Best-Practice-Produkte sind (Auswahl, kein Anspruch auf Vollständigkeit):

- Girokonto/Sparkonto: z. B. mit Entscheidung des Kunden, wofür Erträge verwendet werden sollen (soziale oder ökologische Projekte, Finanzierung nachhaltiger Projekte in x % der Einlage usw.)
- Anlage/Wertpapierprodukte: z. B. mit CO_2-Kompensation (Zertifikate), Kapital aus Green Bonds wird für CO_2-reduzierte Unternehmen vergeben
- Privater Kredit: besondere Konditionen für soziale und ökologische Projekte, Sonderkonditionen für energieeffiziente Immobilien
- Baufinanzierungen: z. B. bei einem Energiewert von maximal x kWh/m2 im Jahr ist ein Zinsrabatt von x % möglich, auf Basis eines Umweltratings werden Konditionen von der Nachhaltigkeit abhängig gemacht
- Plattformen: Crowdfunding, Crowdinvesting, Ökosystemplattformen rund um „Health & Care" etc.

1. Das „nachhaltige" Girokonto?

Dass die GLS-Bank, die UmweltBank und andere Nachhaltigkeitsbanken Girokonten anbieten, ist bekannt. Viele kennen bereits das Girokonto von Tomorrow, bei dem der CO_2-Fußabdruck kompensiert wird („11,17 Tonnen CO_2 pro Jahr für dein klimaneutrales Leben") und zu dem es eine kostenlose EC-Karte aus Holz gibt. Girokonten mit sozialen oder ökologischen Nachhaltigkeitsaspekten zu verknüpfen, ist inzwischen also nicht mehr ganz neu, wird aber von Regionalbanken bisher noch wenig umgesetzt. Nachhaltigkeit/ESG wird hierbei unterschiedlich interpretiert (je nach Region, Umfeld, Ambitionsniveau), die Ausgestaltungen ähneln sich jedoch häufig. Genossenschaftsbanken und Sparkassen haben mehrheitlich ein anderes Verständnis von Nachhaltigkeit als Spezialbanken, was insbesondere auf das Regionalprinzip zurückzuführen ist. Es finden sich Aktionen zu Klimaneutralität (z. B. Kauf von Klimaschutzzertifikaten, Unterstützung von Umweltprojekten) und/oder regionaler und sozialer Förderung. Die soziale Ausrichtung lässt sich u. a. über die Finanzierung sozial-caritativer Einrichtungen darstellen.

---

[18] *Martin Wördenweber*: Nachhaltigkeitsmanagement. Grundlagen und Praxis unternehmerischen Handelns, Stuttgart 2017, S. 207; http://artgerechtes.de/fairein/wiki/infoportal/fairoeko/bluewashing/

Eine Volksbank in Baden-Württemberg bietet z. B. neben ihren regulären Kontomodellen auch ein „nachhaltiges" Girokonto an. Im Entgelt für die monatliche Kontoführung sind 1,50 EUR Förderbeitrag für nachhaltige Projekte im Landkreis enthalten. Unterstützt werden beispielsweise Blühpatenschaften, die Wiederaufforstung von Waldflächen und die Ausweitung von Streuobstwiesen. Die Girocard erhalten Kunden kostenfrei. Eine andere Genossenschaftsbank bietet ihr „KlimaKonto" ausschließlich mit papierloser Kontoführung an, dazu gibt es eine EC-Karte aus nachhaltigem Material im grünen Design. Zudem bezahlt der Kunde eine Pauschale zur Kompensation des durchschnittlichen CO_2-Ausstoßes eines deutschen Bürgers bzw. einer deutschen Bürgerin (per 20.08.2021 lag der Aufschlag bei 4,65 EUR/Monat. Die Kontoführung hängt vom Hausbankstatus (Produktnutzung) ab und lag „klimaunabhängig" zwischen 0,00 EUR und 8,90 EUR). Die Bank Austria bietet ein Girokonto unter dem Namen „GoGreen" an. Dieses Produkt erhielt das Österreichische Umweltzeichen für nachhaltige Finanzprodukte. Neben u. a. der papierlosen Kontoführung werden über Cashbacks ausgewählte Kooperationspartner („GoGreen-Partner") unterstützt.

Die Einführung eines „nachhaltigen" Girokontos ist vor dem Hintergrund der Ausrichtung der Bank kritisch zu prüfen, die Etablierung eines „nachhaltigen" Kontomodells also dann empfehlenswert, wenn die Bank sich strategisch mit Nachhaltigkeit auseinandergesetzt hat sowie demgemäß Ziele und Prozesse verfolgt. Ein entsprechend ausgestaltetes Girokonto kann jedoch clever andere Marketingaktivitäten unterstützen. Die Einführung unter der Bezeichnung „nachhaltig" ist allerdings nicht empfehlenswert, da nicht sichergestellt werden kann, dass alle Aspekte tatsächlich ESG-konform sind. Daraus resultierende Imageschäden sind unbedingt zu vermeiden.

Die Integration nachhaltiger Aspekte in bestehende Kontomodellstrukturen sowie deren Vermarktung sind in regionalen Banken häufig schon jetzt möglich. Bei der Integration von Nachhaltigkeitsbestandteilen ist eine Überprüfung der aktuellen Giro-Modellkonzeption inklusive Preisgestaltung zielführend – neben der Erfüllung der nachhaltigkeitsstrategischen Ziele können gleichzeitig auch Ertrags- und Kostenpotenziale gehoben werden. Grundsätzlich gilt: das umsetzen, was zum Umfeld passt.

Ideen für „S" (Sozial):

- „Mitgliedschaft mit Herz", die Dividende wird an Vereine/Institutionen gespendet
- Cashback mit Treuebonus, Cashback „Mitgliederbonus" (regionale Händler), Anreiz, in andere nachhaltige Projekte zu investieren, Verbindung zu Crowdfunding prüfen

Ideen für „E" (Umwelt):

- Pflanzung von Bäumen (z. B. je Neukonto ein Baum)
- CO_2-Neutralität (Kauf von Klimaschutzzertifikaten, Ökostrom)
- Papierloses Konto/hoher Digitalisierungsgrad (Onlinekonto, Elektronischer Kontoauszug = Standardeinstellung)
- Ausgabe umweltfreundlicher Werbegeschenke

Ein Blick lohnt sich übrigens auf die Produkte der Kirchenbanken, etwa auf die der Evangelischen Kirchenbank eG oder der Steyler Ethik Bank. Letztere wurde vor 60 Jahren als Steyler Missionssparinstitut Sankt Augustin GmbH gegründet. Der Kunde entscheidet seit jeher, ob und wie viel seines Zinsertrags für Projekte der Steyler Missionare verwendet wird. Seit 2000 ist die Bank auch im Wertpapierbereich aktiv. Im Fokus stehen ethische und nachhaltige Investments. Seit rund zwei Jahren bietet die Bank das Girokonto „Fair4" an. Das Konto „verbindet echte Nachhaltigkeit, Umweltschutz und effektive Hilfe für Menschen in Not mit der Leistungsfähigkeit eines modernen Girokontos". Das Kontoguthaben wird ausschließlich in „vorbildliche Unternehmen und Staaten" investiert. Projekte der Steyler Missionare erhalten eine Direkthilfe durch einen Zusatzbeitrag von 1 EUR pro Monat. Der Grundpreis für das Konto beläuft sich auf 7 EUR. Kontoauszüge aus dem Kontoauszugsdrucker sind zwecks Papierreduktion nicht möglich.

Ein ganz anderes Modell stellt das Umweltcenter in Österreich dar: Kürzlich veröffentlichte „Global 2000" eine neue Ausgabe des Global-2000-Banken-Checks.[19] Das Ergebnis: „Keine der teilnehmenden Banken agiert ernsthaft im Sinne einer sozial-ökologischen Transformation, wie es zur notwendigen Bekämpfung der Klimakrise und zum guten Leben für alle notwendig wäre. Außerdem konnte die Integration von Nachhaltigkeit in alle Geschäftsprozesse so schnell, wie es bereits angekündigt wird, nicht erfolgen."[20] Lediglich eine der Banken schließt Finanzierungen von fossilen Energien aus: das Umweltcenter der Raiffeisenbank Gunskirchen. Im Kerngeschäft wird die Umweltausrichtung des Umweltcenters der Raiffeisenbank durch einen abgegrenzten Rechnungskreis unterstrichen. Bemerkenswert ist auch das „Gemeinwohl-Girokonto". Dieses Gemeinwohlkonto des Umweltcenters der Raiffeisenbank Gunskirchen gibt es als exklusives Angebot für alle Mitglieder der „Genossenschaft für Gemeinwohl". Es funktioniert wie jedes andere Girokonto, auf Wunsch mit Kreditkarte. Neben einem Gemeinwohlkontobeitrag (9 EUR/Quartal) zur Finanzierung der Arbeit der „Genossenschaft für Gemeinwohl" wird ein Kontoführungsentgelt erhoben. Infolge der jährlichen Anpassung der Gebühren beläuft sich diese ab 1. Januar 2022 auf 6,03 EUR/Monat (2021: 5,87 EUR/Monat). Dieses Girokonto kann jede andere Bank auch einführen. Die Website der „Genossenschaft für Gemeinwohl" gibt umfassend Einblick in deren Arbeit und Ziele sowie in die Verbindung zum Umweltcenter: „Je mehr Gelder wir konventionellen Geldkreisläufen entziehen und dem Umweltcenter der Raiffeisenbank Gunskirchen zuführen, desto mehr gemeinwohlorientierte Vorhaben können finanziert werden."

Auch bei Sparprodukten finden sich „nachhaltige" Varianten wie z. B. „Sparen 3M" der Raiffeisenbank Holzkirchen-Otterfingen. Der Kunde entscheidet, wofür die Einlagen eingesetzt werden. Zur Auswahl stehen verschiedene Projekte in der Region (Ver-

---

[19] www.global2000.at/sites/global/files/GLOBAL2000_Banken-Check_2021.pdf
[20] *Angelika Kramer*: Die grünste Bank Österreichs, in: Trend, Ausgabe vom 10.12.2021.

wendungszweck „Mensch", „Umwelt" und „Regionale Wirtschaft"). Ein weiteres Beispiel kommt aus der Schweiz: Die Bank BSU bietet Privatkunden nachhaltige Anlage- und Sparprodukte, Konten und Finanzierungen an. Beim Sparkonto „eco" verzichtet der Kunde auf einen Teil der Zinszahlungen. Die Regionalbank verpflichtet sich, den Betrag zu verdoppeln und an gemeinnützige Organisationen weiterzuleiten. Die Organisationen werden von der Genossenschaftsbank ausgewählt und „sind mit der Wirtschaftsregion der Bank BSU verankert".

2. Anlage-/Wertpapierprodukte

Nachhaltiges Investieren bietet eine Möglichkeit, ökologisch, sozial und ethisch orientierte Unternehmen und Projekte zu unterstützen. Es gibt inzwischen eine Vielzahl an Angeboten, beliebt sind nachhaltige Fonds und Exchange Traded Funds (ETFs). Ethische Fonds blicken dabei auf eine längere Historie zurück. Seit 2002 steht der Pax-Bank eG ein eigener Ethikbeirat als objektives und unabhängiges Expertengremium zur Seite, unterstützt Management und Mitarbeitende dabei, die Wertebindung in „Bezug auf die unterschiedlichen unternehmerischen Gestaltungsbereiche zu konkretisieren und anwendbar zu machen". Unter der Leitung des Gründungsvorsitzenden erarbeitete der Beirat zunächst einen Ethikkodex. In den fast dreijährigen Ausarbeitungsprozess waren Mitarbeitende und Vorstand einbezogen. Der Kodex ist eine freiwillige Selbstverpflichtung und gibt Orientierung sowohl im Kundenverkehr als auch bei internen, bankbetrieblichen Fragen, wie z. B. bei der Entwicklung neuer Anlageprodukte. Der ethisch-christliche Anlagefilter der Bank arbeitet mit Ausschlusskriterien und einem relativen Best-in-Class-Ansatz. Hierbei wird die Pax-Bank von dem Dienstleister MSCI ESG Research unterstützt. Die Bank verfolgt einen ganzheitlichen Nachhaltigkeitsansatz. „Ausdruck und zugleich Zusammenfassung unseres ganzheitlichen Nachhaltigkeitsansatzes ist unsere freiwillige Unterzeichnung des Deutschen Nachhaltigkeitskodex (DNK)". Mit weniger als 500 Mitarbeitenden wäre die Bank zu diesem Bericht nicht verpflichtet gewesen.

Die Union Investment – die sich selbst auf den Weg zu einem nachhaltig(er)en Unternehmen gemacht hat und ihre eigenen Aktivitäten auf ihrer Website darstellt – wählt die Anlagen bei nachhaltigen Fonds nach festen ethischen, sozialen und ökologischen Kriterien. Die Fonds investieren in Unternehmen, die „verantwortungsvoll im Umgang mit den Lebensgrundlagen handeln und wirtschaften." Der Investmentprozess sieht hierbei drei Schritte vor: Schritt 1 – Bewertung der Anlageinstrumente mit dem UI-NachhaltigkeitsRating, Schritt 2 – Beachtung von Ausschlussregeln, Schritt 3 – wirtschaftliche Detailanalyse und Fondszusammensetzung. Additiv engagiert sich die UI als „Wegbegleitung von Unternehmen zur Verbesserung ihrer ESG-Kriterien". Die Analyse erfolgt mithilfe eines besonderen ESG-Gremiums. Die von den Vereinten Nationen unterstützte Organisation PRI (Principles for Responsible Investment) hat Union Investment für ihren umfassenden Ansatz die Bestnote A+ verliehen.

Unter dem Slogan „Werden Sie Sinnvestor" bietet die Deka Investments nachhaltige Geldanlagen an. Nachhaltige Deka-Pro-

„Der wahre Elefant im Raum"? – Nachhaltigkeit/ESG in Regionalbanken

dukte müssen besonderen Anforderungen an eine nachhaltige Geldanlage genügen. Auch hier werden zwei Ansätze unterschieden: „ESG-Strategie" (Ausschluss, Best-in-Class-Ansatz) und „Impact Investing" (Investitionen in Unternehmen und Staaten mit einem positiven, konkreten und messbaren Einfluss auf die Erreichung der 17 SDGs).

Einige Regionalbanken bieten neben den Produkten der Verbundpartner in Kooperation mit diesen auch Private-Label-Fonds an, wie den „Werte Fonds Münsterland" der Volksbank Münsterland Nord eG, mit dem gleichen Investmentprozess wie bei Union Investment-Produkten. Die Volksbank Bielefeld-Gütersloh eG war eine der ersten Regionalbanken in Deutschland, die sich mit dem Thema nachhaltige Anlagen beschäftigt hat. Bereits 2008 beschloss man, ein eigenes nachhaltiges Geschäftsfeld aufzubauen. Die Auflegung des Private-Label-Fonds erfolgte 2009. Die Bank gründete einen Anlageausschuss, der heute vom Team Advisory unterstützt wird. 2013 kam der „NachhaltigkeitsInvest" hinzu. Daten für die Titelselektion bezieht die Bank über die Nachhaltigkeitsratingagentur ISS ESG. Berater schlagen ihren Kunden aktiv vor, einen Teil ihres Vermögens nachhaltig anzulegen, der „NachhaltigkeitsInvest" wird als Basisinvestment empfohlen.[21] Wichtig ist die feste Verankerung im Vertrieb, die sinnhafte Einbindung im Marketing und in der Kommunikation. Die Steyler Ethikbank bietet z. B. seit einiger Zeit einen Depot-Check an. Dieser ist kostenlos. Kunden und Nichtkunden können über ein sehr einfaches Onlineformular bis zu fünf Wertpapiere auflisten und überprüfen lassen. Die Bank unterstützt auf diese Weise Anleger, kommt mit ihnen ins Gespräch und kann eigene Produkte im Zuge eines Verbesserungsvorschlags anbieten.

3. Privater Kredit

Im Bereich des privaten Kredits sind Ausschlüsse von Vorhaben/Antragstellenden und Preisaufschläge für nicht „grüne" oder „blaue" Projekte denkbar. Zur Incentivierung, vor allem in der Kommunikation, kann die „Belohnung" von nachhaltigen Projekten mittels Gutscheinen ein erster Schritt sein. Ein Beispiel: Der Onlinekredit der Bank Austria ist ein konventioneller Privatkredit. Wird dieser für eine energieeffiziente Maßnahme verwendet, erhalten die Darlehensnehmer einen Gutschein über 100 EUR. Ein anderes Beispiel ist der „S-Privatkredit Umwelt" der Kreissparkasse Reutlingen, ein Kredit mit vergünstigten Konditionen für Investitionen in bestimmte nachhaltige Technologien: Haushaltsgeräte mit Energieeffizienzklasse von mindestens A+, E-Bikes und Pedelecs, Hybrid- und Elektroautos, Pkw mit der jeweils aktuell besten Schadstoffklasse (zurzeit: Euronorm 6) und der CO_2-Effizienzklasse von mindestens Klasse B, Kessel-/Brenneraustausch bei Heizungsanlagen, Scheitholz- und Pelletheizungen, Wärmepumpen, Solarthermie- und Fotovoltaikanlagen sowie die Finanzierung der Teilnahme an Bürgerbeteiligungsmodellen. Auch die EthikBank, eine Tochter der Volksbank Eisenberg eG, bietet einen Privatkredit für ökologische und soziale Projekte an. Der „ÖkoKredit" hat einen festen Sollzins,

---

[21] *Björn Bressel/Nicole Rüping*: Nachhaltigkeit aktiv und transparent gestalten, in: BI 2/2021, S. 24–27.

und es entstehen keine Gebühren oder Vorfälligkeitsentschädigungen. Der Kleinkredit ist ebenfalls ein Modernisierungskredit und kann u. a. zur energetischen Sanierung privater Immobilien, zum Erwerb von Elektrofahrzeugen oder zur Finanzierung von kleinen Solaranlagen genutzt werden. Für größere Solaranlagen bietet die Bank eine extra „Solarfinanzierung" an. Zudem gibt es den „ÖkoBaukredit".

4. Baufinanzierungen

Im Immobiliensektor steckt großes Potenzial zur Begrenzung der Erderwärmung: 40 % der THG-Emissionen entstehen durch die Herstellung, Errichtung, Modernisierung und durch den Betrieb (Wärme, Kälte, Warmwasser, Beleuchtung) von Wohn- und Nichtwohngebäuden (Wert für 2014). 19 Millionen der 22 Millionen Gebäude in Deutschland dienen als Wohnraum. Im Bereich Bauen und Wohnen liegt demnach ein wesentlicher Hebel zur Erreichung der Klimaziele, sodass eines der zentralen Vorhaben des „Green Deal" die Verbesserung der Energieeffizienz von Gebäuden ist.[22] Banken und Bausparkassen fördern bereits heute nachhaltige Bauprojekte und energieeffiziente Modernisierungen.

Wetterereignisse wie Hitzewellen, Kälteperioden, Starkregen und Hochwasser oder Stürme stellen (potenzielle) Risiken dar und werden bei der Finanzierung zunehmend eine Rolle spielen (so auch bei der Versicherung des Gebäudes). Bisher gab es keine einheitliche Definition, welche Kriterien eine Finanzierung erfüllen muss, um einen relevanten Beitrag zu den Pariser Klimazielen leisten zu können. Die neue EU-Taxonomie soll nun Orientierung für Unternehmen und Finanzdienstleister geben. Auch wenn bereits diverse nationale Gesetze und Vorschriften Vorgaben zum energieeffizienten Bauen bestehen, (z. B. Niedrigenergiestandards), stellt die EU-Taxonomie Banken und Bausparkassen vor große prozessuale und datentechnische Herausforderungen, um Taxonomie-Konformität nachzuweisen.

Schon heute finanzieren einige Finanzdienstleister nachhaltige Immobilien zu besseren Konditionen als nicht nachhaltige Objekte oder incentivieren Kunden zum Kauf nachhaltiger Finanzprodukte. Die Bausparkasse Wüstenrot AG, die 2021 bei Focus Money zum Testsieger im Bereich „Nachhaltiges Engagement" gewählt wurde, bietet das Wohndarlehen „Klima" an und verbindet es mit den eigenen CSR-Aktivitäten: Für jedes abgeschlossene Darlehen spendet die Bausparkasse 5 EUR an die Bieneninitiative „Deutschland summt!". Gefördert wird mit der Spende der „Bienenkoffer", ein mobiles Angebot zur Umweltbildung von Kindern. Ein ähnliches Beispiel ist das „nachhaltige Darlehen" der VR-Bank Ostalb eG. Bei Abschluss eines Darlehens für den Bau eines energiesparenden Gebäudes, zur Umsetzung von energieeffizienten Sanierungen/Modernisierungen, für den Kauf einer energieeffizienten Immobilie oder eine entsprechende Anschluss- oder Umfinanzie-

---

[22] static.dgnb.de/fileadmin/dgnb-ev/de/themen/Klimaschutz/Toolbox/102021_Studie-Benchmarks-fuer-die-Treibhausgasemissionen-der-Gebaeudekonstruktion.pdf; ec.europa.eu/info/strategy/priorities-2019-2024/european-green-deal_de

„Der wahre Elefant im Raum"? – Nachhaltigkeit/ESG in Regionalbanken

rung spendet die Bank 50 EUR für nachhaltige „Vorhaben in der Region".

Vergünstigungen für Kunden gibt es bei der Commerzbank. Die Commerzbank bietet eine „Grüne Baufinanzierung" an. Hier ist bei einem Energiewert von maximal 75 kWh/m^2 im Jahr für die Bauberechtigten ein Zinsrabatt von 0,1 % möglich. Auch bei der UmweltBank gilt: „Je nachhaltiger, desto günstiger": Auf Basis eines UmweltRatings werden die Konditionen von der Nachhaltigkeit abhängig gemacht. Mit einer umfassenden Prüfung als Ausgangspunkt werden individuelle Konditionen errechnet. Hierbei wird das Projekt nicht nur auf seine Wirtschaftlichkeit hin geprüft, sondern auch nach sozialen und ökologischen Kriterien bewertet. Voraussetzung für die Finanzierungszusage ist, dass das private Bauvorhaben eine der drei Bonitätsklassen erreicht. Das UmweltRating wurde von der Deutschen Gesellschaft für Nachhaltiges Bauen (DGNB) evaluiert und mit den Nachhaltigkeitskriterien der Gesellschaft abgeglichen. Die UmweltBank ist damit die erste Bank in Deutschland, die über ein geprüftes Nachhaltigkeitsrating für die Vergabe von Baukrediten verfügt. Über die Kreditanstalt für Wiederaufbau (KfW) besteht die Möglichkeit, additiv Förderkredite und Förderprogramme zu nutzen.

Auch die Bausparkasse im genossenschaftlichen Finanzverbund verfolgt einen ganzheitlichen Ansatz. Schon 2008 berichtete die Bausparkasse Schwäbisch Hall AG nach dem Standard des UN Global Compact, entwickelte 2014 gemeinsam mit der DZ Bank Gruppe einen Verhaltenskodex und 2017 eine Klimastrategie. Ausgewiesene Handlungsfelder der Bausparkasse sind: „Nachhaltiger Bankbetrieb", „Verantwortungsvoller Arbeitgeber", „Gesellschaftliches Engagement" und „Produkte & Dienstleistungen". Die Maßnahmen sind mit Zielen hinterlegt, und die Fortschrittsentwicklung wird entsprechend gemessen und gewogen. Zum Dienstleistungs- und Produktportfolio der Bausparkasse Schwäbisch Hall – wie auch von anderen Bausparkassen – gehört längst die Beratung und Finanzierung von nachhaltigem Sanieren, Modernisieren und Bauen, unter Berücksichtigung passender Fördermittel. Laut der Bausparkasse Schwäbisch Hall wird heute jeder vierte Bausparvertrag zum Zweck der energetischen Modernisierung abgeschlossen. Wie viel CO_2-Emission die Kunden der Bausparkasse vermeiden, wenn sie in einem nachhaltigen Neubau oder einer entsprechend sanierten Wohnung leben, kann die Bausparkasse mithilfe eines gemeinsam mit der Universität Stuttgart entwickelten Berechnungsverfahrens ermitteln. Der Bauspartarif „EcoFuchs", mit einer kurzen Sparzeit und Zinsvorteilen bei der energetischen Sanierung älterer Immobilien, oder der Modernisierungskredit „FuchsKonstant Energie" sind nur zwei Produkte, mit denen die Bausparkasse in ihrer Funktion als Finanzintermediär zum Klimaschutz und zur Erreichung eines klimaneutralen Gebäudebestands beitragen will. 2019 wurde die Bausparkasse durch die ESG-Ratingagentur ISS ESG als „Prime, C+" eingestuft, von der Ratingagentur imug als „positive BB".

Einige Genossenschaftsbanken bieten das „Grüne Darlehen" der Münchener-Hyp an. Das Darlehen kann u. a. für energiesparendes Bauen, Sanieren und Modernisieren oder zum Kauf einer energieeffizienten Immobilie eingesetzt werden. Voraussetzungen sind: Der Primärenergiebedarf darf 55 kWh/m^2 Nutzfläche pro Jahr nicht überschreiten und die Energieklasse muss von einem Energieberater oder einer Architektin bestätigt werden; oder es muss eine Bestätigung, dass die Bedingungen aus den jeweils gültigen KfW-Programmen erfüllt werden, vorgelegt werden. Das „Grüne Darlehen" wurde von der Ratingagentur ISS ESG analysiert und positiv bewertet (Second Party Opinion). Daneben gibt es das nachhaltige „Familiendarlehen". Die MünchenerHyp erfüllt die Mindestanforderungen der ISS ESG an Finanzinstitute (Ratingeinstufung: „Prime").

V. Fazit

Vieles ist im Fluss – eines aber ist klar: Nachhaltigkeit gewinnt rasant an Bedeutung, sei es aus regulatorischen Gründen, weil Kunden danach fragen oder Wettbewerber es schon vormachen und sich niemand gern „die Oliven von der Pizza klauen lässt" oder auch weil andere Stakeholder (Kommunen, NGOs, Verbraucherschützer und viele mehr) Erwartungen an Finanzdienstleister formulieren. Im Sinne der Erreichung der 17 Nachhaltigkeitsziele der UN und der Ziele des Pariser Klimaabkommens liegen die wesentlichen Hebel für Regionalbanken in ihrer strategischen Ausrichtung, dem Risikomanagement, der Steuerung und im Kerngeschäft, hier vor allem im Firmenkundengeschäft. Klar formulierte Ausschlusskriterien und sinnvolle Positivkriterien werden notwendig. Wesentlich ist das Baufinanzierungsgeschäft, da gerade Bauen und Wohnen einen erheblichen Anteil an den deutschen Treibhausgasemissionen haben. Auch physische Risiken werden bei der Baufinanzierung künftig eine Rolle spielen. Kleine Privatkredite können ein erster Schritt für entsprechende Modernisierungsvorhaben sein. Bessere Konditionen für nachhaltigere Finanzierungsprojekte finden sich schon heute, auch Incentives in Form von Gutscheinen und Rückvergütungen. Girokonten mit Nachhaltigkeitsbezug dienen eher der Kommunikation. Dabei gilt es, nichts vorzugeben, was die Bank nicht ist. Die Bank als Institution muss sich gleichermaßen auf den Weg machen wie ihre Kunden. Für ihre Glaubwürdigkeit und Vorbildfunktion ist es existenziell, das gesamte Bankmodell nachhaltig(er) zu gestalten. Wichtige Themen sind Personal, Unternehmenskultur, Gebäude, Betriebsökologie und Mobilität/Fuhrpark.

K. Das Management von Sonderkonditionen – Erfolgsfaktoren aus der Bankpraxis

I. Sonderkonditionen weit gefasst definieren

Die Preise und Gebühren angebotener Produkte und Leistungen sind die zentralen Ertragstreiber von Banken und Sparkassen. Im Kundengeschäft können bereits relativ kleine Schwankungen in der Kundenkondition – ausgelöst u. a. durch die Vergabe von Sonderkonditionen – bedeutende Auswirkungen auf die Erträge eines Instituts haben. Zudem wird die Verhandlung von individuellen Konditionen aufgrund des hohen Wettbewerbs vor allem in gehobenen Kundensegmenten und bei größeren Geschäftsvolumina immer wichtiger. Sonderkonditionen sind hierbei zu einem bedeutsamen Instrument geworden, um Geschäftsvolumina zu akquirieren, die Kundenbindung und Kundenzufriedenheit zu erhöhen und Cross-Selling-Geschäfte abzuschließen.

Für die Steuerung von Sonderkonditionen ist zunächst eine klare Definition erforderlich. So sollte eine „Sonderkondition" (Soko) generell als Abweichung von einer wie auch immer gestalteten Normalkondition (Noko)/Vorgabe definiert werden und weit gefasst zumindest folgende Ausprägungen beinhalten:

- Preis-/Zins-Sokos als Abweichung von Standardkondition/kalkulierter Kondition
- Gebühren-/Provisionsverzicht, z. B. Ausgabeaufschläge, Girogebühren
- Abweichungen von Produkthandbüchern, z. B. Mindestsummen, Sondertilgungsabweichungen etc.

Da diese i. d. R. negativen Abweichungen für Banken und Sparkassen eine hohe ökonomische Relevanz haben, sind mit einer gewünschten und systematischen Verringerung sowohl strategische/prozessuale Fragestellungen (vgl. Abbildung 1) als auch Potenziale in Richtung Ertragsverbesserungen verknüpft.

Nach umfangreichen zeb-Erfahrungen der letzten Jahre gelten rund 40 % aller vergebenen Sonderkonditionen zumindest mittelfristig als abbaubar – gerade in Segmenten des Firmenkundengeschäfts und Private Banking, in denen eine persönliche (Preis-)Verhandlungssituation den Beratungsprozess bestimmt (vgl. Abbildung 2).

Abbildung 1: Typische strategische Fragestellungen im Management von Sonderkonditionen (Checkliste)

		Ohne Soko-Management	Mit Soko-Management
1	Bei welchen **Kunden und Produkten** wurden Sonderkonditionen eingesetzt?	❓	✅
2	Wie oft wurden Sonderkonditionen genutzt und wie **verhandlungsstark** ist der Vertrieb (Ableitung von Coachingbedarf)?	❓	✅
3	Wie wird mit getroffenen **Cross-Selling-Vereinbarungen** im Zusammenhang mit einer Sonderkondition umgegangen?	❓	✅
4	Besteht weiterhin die **Rechtfertigung für** eine in der Vergangenheit **vergebene Sonderkondition**?	❓	✅
5	Bis wann sind sämtliche **Sonderkonditionen befristet** und wie wurden Befristungen bearbeitet? (Ziel: Jede Soko ist im Monitoring)	❓	✅
6	Wie können **Quersubventionen** zwischen den Produkten innerhalb eines Verbunds identifiziert und bewusst gesteuert werden?	❓	✅
7	Welche **Informationen** zu Sonderkonditionen benötigt der/die Kundenberater/-in zur optimalen Vorbereitung auf **Preisverhandlungen**?	❓	✅

Abbildung 2: Ein systematisches Sonderkonditionsmanagement hebt in der Regel 40 % der Potenziale aus der Soko-Vergabe (Quelle: zeb-Projekterfahrung)

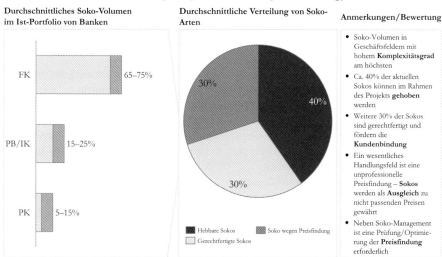

FK = Firmenkunden, PB/IK = Private Banking/Individualkunden, PK = Privatkunden

Das Management von Sonderkonditionen – Erfolgsfaktoren aus der Bankpraxis

Ein professionelles Sonderkonditionsmanagement bietet daher vielfältige Chancen zur Verbesserung der Preisfindungs-, Preisdurchsetzungs- und Preiscontrollingprozesse einer Bank oder Sparkasse, z. B. im Antrags- und Genehmigungsprozess, bei Musterselektionen für eine gezielte Messung der Preisdurchsetzung oder bei Soko-Befristungen.

II. Transparenz über Ausgangssituation schaffen

Zur Verbesserung des Sonderkonditionsmanagements ist eine saubere Bestandsaufnahme der Ist-Prozesse unumgänglich. Eine typische Ausgangssituation stellt sich in Einzelaspekten oft wie folgt dar (Auszüge aus diversen Bestandsaufnahmen):

- Marktmitarbeitende bzw. Berater im Marktbereich können abweichende Soll-/Habenzinssätze sowie entsprechende Zinsabweichungen technisch nur eingeschränkt im Kernsystem erfassen. Die Erfassung erfolgt stattdessen zentral in den Marktfolgeeinheiten. Eine systematisch einheitliche Erfassung bzw. Überwachung geschieht nur manuell.
- In der Einzelgeschäftskalkulation wird die vorkalkulierte „Absprungmarke" (Noko, Vorgabe) nicht technisch abgespeichert und erschwert daher gezielte Analysen der Preisdurchsetzung.
- Negative Sonderkonditionen (Zinssatz) werden nach Genehmigung (papierner Prozess) durch die Kompetenzträger an die Marktfolge „Aktiv" weitergeleitet. Diese stellt die Sonderkondition in eine separate Datenbank ein. Dann erfolgt ein Schnittstellenwechsel zur Marktfolge „Passiv", welche die Sonderkondition ins Kernsystem einpflegt. Die Soko-Befristung wird durch manuelle Anlage im Wiedervorlagesystem sichergestellt.
- Fehlallokationen von Sonderkonditionen sind aufgrund mangelnder Transparenz und nicht erfasster „Gegenleistung" der Kunden an der Tagesordnung – ein fehlendes Monitoring von Soko-Ausläufen und Cross-Selling-Versprechen erschwert eine adäquate Auseinandersetzung mit der Thematik.
- In Summe existiert i. d. R. kein einheitlicher und standardisierter Soko-Prozess im Gesamthaus, ein durchgängig digitaler Genehmigungsworkflow fehlt. Sonderkonditionen werden manuell überwacht und können nicht im Kunden-/Berater-/Firmenfinanzstatus etc. des CRM-Systems angezeigt werden, sodass eine einfache und vor allem regelmäßige Soko-Transparenz ohne größeren manuellen Aufwand nicht gegeben ist.

III. Zielbild für das Sonderkonditionsmanagement ableiten

Angesichts der skizzierten Ausgangssituation sollte ein Soll-Prozess im Sonderkonditionsmanagement zumindest folgende Aspekte umfassen:

- Einheitlicher und standardisierter Soko-Prozess in der Gesamtbank
- Technisches „Abspeichern" aller Nokos/Ergebnisse der Vorkalkulation

- Vollständig digitaler Genehmigungsworkflow („papierloses Büro")
- Verzicht auf separate Datenbanken
- Automatische Überwachung der Sonderkonditionen
- Anzeige in Kunden-/Berater-/Firmenfinanzstatus etc. des CRM-Systems muss möglich und damit im Rahmen der Gesprächsvorbereitung nutzbar sein
- Eine gute Preisdurchsetzung muss über Zielkarten im Vertrieb belohnt, eine schwächere Preisdurchsetzung in gezielten Trainings/Coachings aufgegriffen werden

Die Ausgestaltung einer differenzierteren Preisempfehlung im Kreditgeschäft bietet den optimalen Startpunkt für Banken und Sparkassen, eine Verknüpfung von Preisfindung/Ableitung der Standardkonditionen und Soko-Management aktiv zu gestalten (siehe hierzu den Beitrag „Bessere Preise im Kreditgeschäft – kundenindividuelle Margentreiber nutzen!" in diesem Praxisleitfaden). Denn je präziser die „Absprungmarke" gewählt ist (vgl. Abbildung 3), umso aussagekräftiger und besser interpretierbar werden die Ergebnisse aus dem Soko-Monitoring (vgl. Abbildung 4).

Abbildung 3: Die richtige „Absprungmarke" für Sonderkonditionsmanagement definieren (Kreditgeschäft)

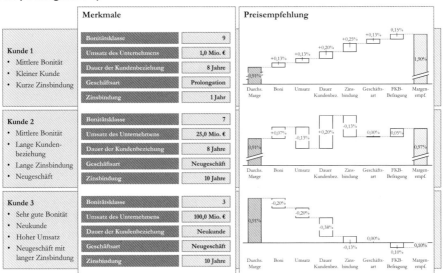

Das Management von Sonderkonditionen – Erfolgsfaktoren aus der Bankpraxis

Abbildung 4: Ziel-/Vorschlagspreis bildet Basis für Sonderkonditionsmanagement

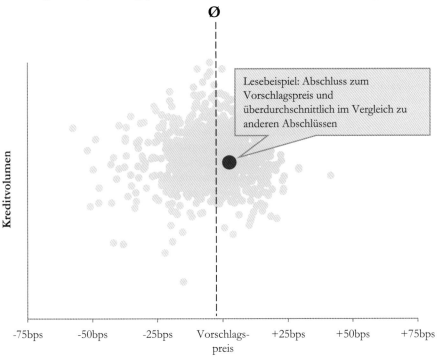

Damit wird der Ziel-/Vorschlagspreis zentraler Orientierungspunkt für den Aufbau entsprechender Regel- und Reportingprozesse:

- Basis zur Kompetenzregelung für die Kundenbetreuer
- Basis für multivariate Datenanalysen, um Abweichungen vom Ziel /Vorschlagspreis besser zu verstehen und für zukünftige Preisfindungen nutzbar zu machen
- Maßstab, um unterschiedliche Geschäfte vergleichen zu können, da der Geschäftsabschluss im Kontext bereits erfolgter Geschäftsabschlüsse bewertet wird
- Transparentes Benchmarking für die Kundenbetreuer über regelmäßige Reports – Möglichkeit, die individuelle Leistung im Vergleich zur Teamleistung/Standortleistung/Gesamtvertriebsleistung einzuschätzen
- Abweichungsvergleich abgeschlossener Einzelgeschäfte für maximale Transparenz über Entwicklung von Volumina, Zinsen und Nettomargen in allen relevanten Kreditprodukten (vgl. Abbildungen 5 und 6)

Abbildung 5: Preisreporting für maximale Transparenz über Entwicklung von Volumina, Zinsen und Nettomargen in allen relevanten Kreditprodukten (Quelle: Klientenbeispiel zeb (2021))

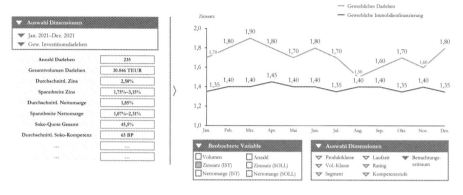

Abbildung 6: zeb.Smart-Pricing-Tool als Anwendungsbeispiel eines zukünftigen Preiscontrollings (Quelle: zeb.applied)

Das Management von Sonderkonditionen – Erfolgsfaktoren aus der Bankpraxis

Abgerundet werden derartige technische Workflows durch eine regelmäßige Professionalisierung der Preisdurchsetzungskompetenz in den Vertriebsteams, die in ihrem Tagesgeschäft konkrete Preisverhandlungen führen. Die zentralen Elemente solcher Schulungen/Coachings sind in Abbildung 7 aufgeführt. Besonders die regelmäßige Beschäftigung mit der Frage, ob eine Soko für den Geschäftsabschluss tatsächlich notwendig ist oder ob dieser nicht auch mit differenzierten Leistungsaspekten und Nutzen(-versprechen) erreicht werden kann, hat sich hier als sehr hilfreich erwiesen. Denn letztlich ist der Preis nicht entscheidend – die Einstellung bestimmt die Verhandlung und damit auch den durchgesetzten Preis. Mit diesen Voraussetzungen kann ein systematisches Sonderkonditionsmanagement seine hohe GuV-Relevanz voll entfalten. Ein mehrdimensionaler Abweichungsvergleich der abgeschlossenen Einzelgeschäfte kann im Feedbackgespräch zudem als Coachinginstrument eingesetzt werden.

Abbildung 7: Erfolge im Soko-Management erfordern Leitplanken und ein maßkonfektioniertes Qualifizierungskonzept

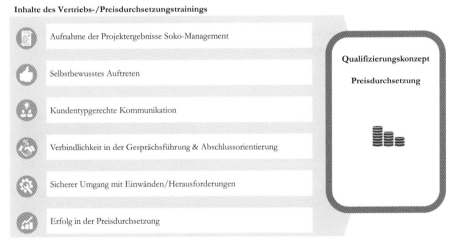

L. Erlösnavigator – Potenziale durch Optimierung der Systemeinstellungen heben

I. Historie und neueste Entwicklungen

Die Idee des Erlösnavigators ist bereits im Jahr 2016 entstanden. Bei der Analyse von Daten in den von uns begleiteten Kontomodellprojekten für Privat- und Firmenkunden gab es immer wieder Unstimmigkeiten. Bei näherer Betrachtung dieser Unstimmigkeiten konnten sie in den meisten Fällen auf fehlerhafte Verschlüsselungen im Kernbanksystem zurückgeführt werden. Um das zukünftig zu vermeiden und Banken sowie Sparkassen hier eine umfassende Überprüfung zu ermöglichen, wurde der Erlösnavigator entwickelt. Zur Validierung der Ansatzpunkte sind große Datenmengen zu kombinieren und analysieren. Dafür werden geeignete Datenmanagement- und Auswertungssysteme benötigt sowie viel Zeit für die Entwicklung und Programmierung solcher Analysetools. Da dieser Aufwand für eine einzelne Bank oder Sparkasse wenig Sinn ergibt, ist die Idee entstanden, diese Institute bei der Analyse der Datenbestände zu unterstützen. Ziel war es, mithilfe von standardisierten, systemgestützten Auswertungen große Datenbestände zu prüfen und somit Auffälligkeiten zu entdecken – das Ganze in einem sehr kompakten und praxisorientierten Vorgehensmodell. Der Erlösnavigator sollte so als eine Art Outsourcing-Lösung angeboten werden, die mit einem sehr geringen internen Personalaufwand[23] in kürzester Zeit eine valide Überprüfung der Verschlüsselungen ermöglicht. Zudem sollten die erkannten Handlungsfelder schnell und nach Möglichkeit über einfache Systembereinigungen umgesetzt werden können.

Zu Beginn war es eine gewagte These, dass wir in jeder Bank oder Sparkasse Auffälligkeiten finden würden. Die über 80 durchgeführten Projekte haben diese These aber eindrücklich untermauert. Auf den nächsten Seiten werden wir die beachtliche Erfolgsgeschichte näher vorstellen.

Auch für die Zukunft sind wir bestens gerüstet. Der Erlösnavigator wird kontinuierlich weiterentwickelt und um neue Analysen ergänzt. So haben wir zum Beispiel für die Prüfung der korrekten Verschlüsselung des Umsatzsteuerkennzeichens bei Firmenkunden eine einzigartige Datenbank aufgebaut. Damit sind wir in der Lage, für jeden Wirtschaftszweig die bundesweite Optierungsquote zu ermitteln und diese auf den Datenbestand der jeweiligen Bank bzw. Sparkasse anzuwenden. Daraus ergeben sich eindeutige Hinweise auf Kunden, die zwar zur Umsatzsteuer optieren, diese Information aber noch nicht mit der Bank respektive Sparkasse geteilt haben.

Der Erlösnavigator hat sich in den vergangenen Jahren als Analyseinstrument etabliert und wurde bereits von zahlreichen Regionalbanken erfolgreich eingesetzt. Die Potenziale haben unterschiedlichste Ursprünge und finden sich in verschiedenen Themenfeldern wieder. Auf den folgenden Seiten erfahren Sie mehr über die einzelnen Analysebau-

---

[23] Der interne Personalaufwand bis zur Abstimmung der Analyseergebnisse beträgt je nach Größe der Projektgruppe in Summe ca. 11–15 Tage.

steine, das kompakte und ressourcenschonende Vorgehensmodell sowie Ergebnisse aus bereits abgeschlossenen Projekten.

II. Analysebausteine im Überblick

1. Vorstellung der Analysebausteine

Die Analysen sind wie in nachstehender Grafik dargestellt in acht unterschiedliche Themenfelder geclustert. Innerhalb dieser Felder werden wiederum die im Rahmen der Analysen identifizierten Ansatzpunkte zusammengefasst (vgl. Abbildung 1).

Das erste Themenfeld Produktverschlüsselungen befasst sich grundsätzlich mit den Fragen, wie die verschiedenen Parameter bei den einzelnen Produkten korrekt verschlüsselt sind und ob es Anomalien gibt. Dabei liegt der Schwerpunkt darauf, dass ein Produkt auch seinem Charakter entsprechend genutzt wird und es somit nicht zu vermeidbaren Ineffizienzen kommt. Auf diese Weise können insbesondere Kosteneinsparpotenziale realisiert werden.

Der zweite Themenbereich Altprodukte, Restanten und Sonderkonten befasst sich mit der Anzahl und der Art der einzelnen im Bestand befindlichen Produkte. Hierbei geht es darum, neben der Anzahl der Produkte einen Überblick über etwaige Restanten und Sonderkonten zu erhalten, die im laufenden Betrieb auch immer weiter gepflegt werden müssen. Zudem werden hier auch Sonderprodukte auf die Einhaltung der vereinbarten Rahmenbedingungen hin geprüft.

Abbildung 1: Analysebausteine Erlösnavigator

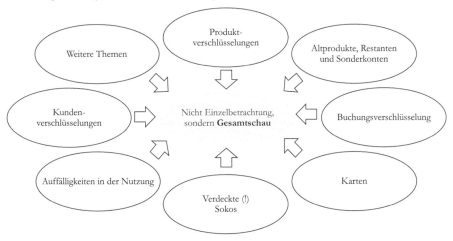

Das Themenfeld drei widmet sich der Buchungsverschlüsselung. Hierbei soll sichergestellt werden, dass jede Transaktion der Kunden gezählt und korrekt abgerechnet wird. Im genossenschaftlichen Atruvia-Umfeld wird die Verschlüsselung der einzelnen Primanota/Textschlüsselkombinationen in sogenannten HUM-Gruppen[24] untersucht, mit deren Hilfe eine erste Clusterung der verschiedenen Kombinationen möglich ist. Diese HUM-Gruppen werden ihrerseits wieder in einzelnen Umsatzgruppen zusammengefasst, innerhalb derer dann die Preise für die einzelnen Buchungen vergeben werden können. Bei Sparkassen ist die Kombination aus LE-/LA-Keys[25] maßgeblich, die jedem Buchungsfall einen Preis zuweist und somit eine große Flexibilität zulässt. Dies wiederum führt zuweilen aber auch zu ungewollten Fehlverschlüsselungen (vgl. hierzu Abschnitt II. 3.).

Der Bereich der Karten befasst sich mit Girocards respektive Sparkassen-Cards und Kreditkarten. Zum einen wird die Nutzung, zum anderen auch die Bepreisung der einzelnen Kartenprodukte analysiert, die teilweise in die jeweiligen Kontomodelle integriert sind bzw. einen Rabatt aufweisen.

Im Themenfeld der verdeckten Sokos geht es darum, Sonderkonditionen außerhalb der Entgelte im Rahmen der direkten Kontoführung aufzuzeigen und diese zu bewerten. Hierbei wird auch die Sinnhaftigkeit von Verschlüsselungen geprüft, die mit der Vergabe dieser Sonderkonditionen in Verbindung stehen. Nicht geprüft werden kann zunächst, ob eine individuelle Sonderkondition berechtigterweise vergeben wurde und ggf. weitergeführt werden sollte. Dies obliegt in der Folge der auftraggebenden Bank bzw. Sparkasse.

Der nächste und zugleich umfangreichste Themenbereich hinsichtlich der Anzahl von Ansatzpunkten befasst sich mit den Auffälligkeiten, die bei der Nutzung der einzelnen Bankdienstleistungen entstehen. Dies reicht von der übermäßigen Nutzung entgeltfreier Vorgänge[26] über die unzureichende Durchsetzung vorhandener Preise bis hin zur fehlenden Nutzung angelegter Produkte. Für die Banken respektive Sparkassen selbst stellt das nicht zu vernachlässigende Kostenpositionen dar. Darüber hinaus werden bei genossenschaftlichen Instituten Auffälligkeiten in den Geschäftsanteilen sichtbar gemacht.

Das Themenfeld der Kundenverschlüsselungen beschäftigt sich mit der richtigen Zuordnung der Kunden – sowohl organisatorisch als auch produktbezogen. Hierbei auftretende Fehlverschlüsselungen führen einerseits zu einer unnötigen Bindung von Kapazitäten und andererseits zu geringen Erlösen.

Unter den Bereich der weiteren Themen werden all jene Ansatzpunkte zusammengefasst, die zwar potenzialbehaftet sind, sich aber nicht in eines der anderen bereits erwähnten Themenfelder einsortieren lassen.

---

[24] HUM steht für homogene Umsätze.
[25] LE steht für Leistungseinheiten, LA steht für Leistungsarten.
[26] Entgeltfrei im Sinne der Kunden, jede Buchung löst bankseitig Kosten aus.

Erlösnavigator – Optimierung durch Systemeinstellungen

2. Detailvorstellung Produktverschlüsselung

Der nachfolgende Abschnitt soll einen ersten Einblick in den Bereich der Produktverschlüsslungen zu geben.

Im ersten Schritt wird untersucht, welche Kontoauszugsart bei den einzelnen Konten hinterlegt ist. Hierbei werden insbesondere die für die Bank bzw. Sparkasse teuren Auszugsarten wie z. B. das Abholen der Kontoauszüge durch den Kunden in der Filiale untersucht. Zudem gilt es zu analysieren, ob es Kunden gibt, welche die Auszugs- und Zugangswege zum Konto nicht in der Weise nutzen, wie es bei dem jeweiligen Kontomodell vereinbart wurde. Das betrifft insbesondere die im Preis meist deutlich günstigeren Onlinemodelle, bei denen sich Kunden eher als Filialkunde und nicht als Onlinekunde verhalten. Dies kann als indirekte Sonderkondition gewertet werden, sofern beispielsweise die Nutzung des Kontoauszugsdruckers nicht extra bepreist wird und die Offlinenutzung für dieses Modell überhaupt vorgesehen ist. Da ein solcher Kunde, der das elektronische Postfach nicht nutzt, häufig auch keinen Zugang zum Onlinebanking besitzt, kann dies bei den entsprechenden Produkten zu einem negativen Deckungsbeitrag führen. Das lässt sich auch durch eine höhere Bepreisung von mitarbeiterbedienten Transaktionen in den Filialen nur unzureichend kompensieren.

Einen weiteren Ansatzpunkt stellt die heterogene Verschlüsselung der Auszugsarten bei den einzelnen Produkten eines Kunden dar. Hierbei sind alle Konten und Produkte hinsichtlich der eingestellten Auszugsart zu prüfen und sofern vom Kunden eine Nutzungsvereinbarung des elektronischen Postfachs unterschrieben wurde, auch auf diese für die Bank oder Sparkasse preiswerteste Form umzustellen. Dies gilt insbesondere für Produkte, bei denen standardmäßig die Kontoauszüge bzw. Umsatzübersichten per Post (zumeist sogar kostenfrei) an den Kunden verschickt werden, obwohl sie auch digital bereitgestellt werden könnten.

Neben der Verschlüsselung der Kontoauszüge sollten aber auch dem Kunden zugeordnete Produkte und Dienstleistungen kritisch auf ihre Bereitstellung hin geprüft werden. Dies gilt insbesondere dann, wenn ein Angebot für das Geldinstitut defizitär ist und seitens des Kunden schon lange nicht mehr verwendet wurde.

Der letzte hier vorgestellte Punkt befasst sich einerseits mit der verschlüsselten, technischen Disposition der Konten und andererseits mit dem manuellen Eingreifen der Mitarbeitenden in diesen Prozess. Potenzial gibt es vor allem dann, wenn private Girokonten und Geschäftskonten von Kleingewerbetreibenden jeden Tag manuell von den zugeordneten Kundenberatern disponiert werden. Der hierdurch entstehende zeitliche Aufwand kann durch geeignete Maßnahmen deutlich reduziert werden.

3. Detailvorstellung Buchungsverschlüsselung

Die Logik hinter der Buchungsverschlüsselung unterscheidet sich zwischen Genossenschaftsbanken und Sparkassen. Für beide

Institutsgruppen gilt, dass die Buchungsverschlüsselung die Basis für die Kontoabrechnung darstellt.

In Genossenschaftsbanken bilden dabei die sogenannten HUM-Gruppen die Grundlage. Bei dieser technischen Konfigurationsmöglichkeit im Kernbanksystem agree21 der Atruvia kann die Bank individuell festlegen, wie jede einzelne Zahlungsverkehrstransaktion am Ende einer Abrechnungseinheit in einer Umsatzgruppe abgerechnet wird. Jeder HUM-Gruppe können verschiedene Zahlungsvorgänge zugeordnet werden. Eine eindeutige Charakterisierung der Buchung erfolgt durch die Nutzung von Primanota und Textschlüsseln. Die vierstellige Primanota gibt die Herkunft des Zahlungsvorgangs (z. B. eine Filiale) an, während der zweistellige Textschlüssel (sowie ein Ergänzungstextschlüssel) die Zahlungsart definiert. Die Bank kann maximal 9.999 HUM-Gruppen anlegen. Alle Zahlungsvorgänge, die nicht explizit in eine HUM-Gruppe einsortiert wurden, werden als Restmenge in die Umsatzgruppe 15 einsortiert. Jede dieser HUM-Gruppen kann in einem weiteren System den verbleibenden 98 freien Umsatzgruppen zugeordnet werden. Dabei können unter einer Umsatzgruppe beliebig viele HUM-Gruppen zusammengefasst werden. Die Umsatzgruppen bilden mit ihrer Unterscheidung in Arbeits- und Buchungsposten[27] die Grundlage für die Kontoabrechnung. In der Produktsteuerung kann für jede Umsatzgruppe ein Preis für die Arbeits- und Buchungsposten definiert werden. Bei der Abrechnung der Konten werden dann die Vorgänge in der abzurechnenden Periode gezählt und mit dem hinterlegten Entgelt multipliziert.

Bei Sparkassen in Deutschland wird das Kernbanksystem OSPlus von der Finanz Informatik verwendet. Hier bilden die Leistungsarten bzw. Leistungsnummern (LN) die Grundlage für die Kontoabrechnung. Diese präzisieren die Buchung: Sei es eine Lastschrift, eine Scheckeinlösung oder eine Onlineüberweisung. Übergeordnet erfolgt eine Zusammenfassung in Leistungseinheiten bzw. Produktgruppen (PG). Für jede Leistungseinheit kann in jedem Modell ein Preis zugewiesen werden. Ähnlich wie in Genossenschaftsbanken wird zwischen Sammeltransaktionen und einzelnen Geschäftsvorfällen unterschieden.

Eine vergleichbare Logik findet sich auch bei anderen Banken wie Privat-, Groß- oder Spezialbanken. Die initiale Steuerung der Buchungsverschlüsselung hat sehr großen Einfluss auf die Kontoabrechnung. Jeder Fehler kann das Kreditinstitut viel Geld kosten, insbesondere wenn Zahlungsvorgänge gar nicht oder nicht korrekt abgerechnet werden.

---

[27] Jede einzelne Transaktion wird als Buchungsposten gezählt. Bei der Einreichung von Sammelüberweisungen und Sammellastschriften wird jedoch nach dem ersten Buchungsposten jede weitere Transaktion des Sammelauftrags als Arbeitsposten gezählt.

Erlösnavigator – Optimierung durch Systemeinstellungen

III. Vorgehensmodell, Datenbasis, Datenmanagement und Analysetool

1. Vorgehensmodell

Abbildung 2: Vorgehensmodell Erlösnavigator

Das gesamte Projekt gliedert sich in vier Phasen, die aufeinander aufbauen, wobei die Zeit zwischen Kick-off-Workshop und Entscheiderworkshop in der Regel zwei bis maximal drei Monate beträgt. Der Kick-off-Workshop stellt zugleich den formalen Projektbeginn dar, in welchem die Mitglieder der Projektgruppe einen Überblick über die einzelnen Analysebausteine und das Vorgehensmodell erhalten. Zudem werden hier auch zeitliche und inhaltliche Verantwortlichkeiten geklärt. In der Vorbereitung auf die folgende Analysephase geht es auch darum, die zu analysierenden Produkte auszuwählen und zusätzliche zu adressierende Analysefelder aufzunehmen. Um die bankindividuellen Besonderheiten kennenzulernen, finden im Nachgang Expertengespräche statt (teilweise über ein Onlineformular). Der größte Teil der Datenerhebung besteht aus vorgefertigten Abfragen für die Reportingsysteme der jeweiligen Banken und Sparkassen. Dadurch ist eine standardisierte und qualitativ hochwertige Datenlieferung in kürzester Zeit möglich.

Die so gewonnenen qualitativen und quantitativen Informationen werden dann in einem ersten Schritt aufbereitet und im Rahmen einer Vorabstimmung mit der Bank respektive Sparkassen validiert. Die Analyse erfolgt durch ein von zeb eigenständig entwickeltes und sich laufend in der Weiterentwicklung befindendes Tool, welches sich über mehrere Jahre – und im Rahmen einer Vielzahl von Projekten – bewährt hat. Abschließend werden die so identifizierten Erlös- bzw. Einsparpotenziale während eines etwa halbtägigen Entscheiderworkshops präsentiert und diskutiert. Bereits im Zuge dieses Termins priorisieren die Entscheidungsträger der jeweiligen Bank oder Sparkasse die einzelnen Ansatzpunkte und benennen zudem Verantwortliche für die operative Prüfung und Umsetzung der Potenziale.

Im Nachgang zu diesem Termin erhält die Bank bzw. Sparkasse alle für die Umsetzung relevanten Informationen – je Themenfeld auf Einzelkontoebene und zusammengefasst auf Kundenebene – für eine gesamtheitliche Ansprache ihrer Kunden. Weiter wird neben einer ausführlichen Dokumentation des Entscheiderworkshops ein detaillierter Maßnahmenplan für das Umsetzungscontrolling der einzelnen Maßnahmen bereitgestellt. Im Zuge der Umsetzungsbegleitung erhalten alle Projektbanken je Themenfeld eine Potenzialliste auf Einzelkundenebene, die bei vielen Ansatzpunkten eine Massendatenänderung möglich macht. Neben diesen inkludierten Leistungen kann der Auftraggeber optional auch die operative technische Umsetzungsbegleitung im Banksystem beauftragen.

2. Überblick der Datenbasis

Beim Erlösnavigator handelt es sich um eine datengestützte Analyse des „technischen Pricings". Die Datenbasis ist deshalb ein wesentlicher Punkt. In den folgenden Abschnitten erhalten Sie einen Überblick über die Datenbasis und das Datenmanagement sowie einen Einblick in das Analysetool.

Um Fehlverschlüsselungen und Anomalien erkennen zu können, ist es erforderlich, alle Daten, die dazu eine Erkenntnis liefern könnten, auch konsequent zu analysieren. Das beginnt bei den Kundendaten und geht über Kontodaten bis hin zu Produkt- und Abrechnungsdetails zu den verschiedenen in Banken und Sparkassen angebotenen Leistungsfeldern. Insgesamt werden je nach Projektumfang und Institutsgröße zwischen 70 und 80 Dateien analysiert. Bei fast allen Informationen handelt es sich um Daten, die direkt aus dem Kernbanksystem oder aus verbundenen Reportingsystemen exportiert werden können. Dabei gibt es auch einige sehr große Dateien mit mehreren Millionen Datensätzen, die insbesondere bei zunehmend größer werdenden Bankenverbünden nur noch mit Datenbankanwendungen geöffnet und verarbeitet werden können.

3. Datenmanagement und -vernetzung

Die Analyse der Rohdaten kann zwar zu bestimmten Erkenntnissen führen, nennenswerte Erlöspotenziale lassen sich aber zumeist erst erkennen, wenn man die Daten miteinander vernetzt, um so auffällige Muster identifizieren zu können. Dazu wurde ein Modell entwickelt, das die einzelnen Datensätze in Beziehung zueinander setzt. Aufgrund des Geschäftsmodells von Banken und Sparkassen beginnt alles mit dem Kunden bzw. mit den Kundendaten. Besitzt ein Kunde ein Kontokorrentkonto, dann werden alle dazugehörigen Informationen mit diesem kombiniert. Da durch die Nutzung eines Kontokorrentkontos weitere Datensätze verfügbar sind, werden hier auch aggregierte Transaktionsdaten, das Nutzungsverhalten, die Kontoabrechnung, die Einkaufspreise, mögliche Sonderkonditionen sowie dem Konto zugehörige Karten und weitere Themenfelder analysiert. Neben den produkt- bzw. spartenspezifischen Details gibt es auch Daten, die für mehrere Bereiche genutzt werden. Hierzu zählen beispielsweise Werte zum Onlinebanking und der vereinbarte Kommunikationsweg zwischen Geldinstitut und Kunde (analog oder digital mit elektronischem Postfach).

Wichtig in diesem Kontext ist es zu erwähnen, dass für die Analysen keine Daten wie Name, Anschrift oder weitere Kontaktdaten angefordert und verarbeitet werden. Auf Kundenwunsch ist bei der bankseitigen Bereitstellung der Daten zudem auch eine Pseudonymisierung von Konto- und Kundennummer möglich. Dies erhöht aber sowohl bei der Datenlieferung als auch bei

Erlösnavigator – Optimierung durch Systemeinstellungen

der Verarbeitung der Analyseergebnisse den Aufwand aufseiten der Bank. Grundsätzlich wird vor Projektbeginn ein Vertrag zur Auftragsdatenverarbeitung geschlossen. Zudem wird bei allen Projekten eine sichere Datenübertragung mittels geschützter Datenräume oder geeigneter Datenaustauschservices sichergestellt (vgl. Abbildung 3).

Bei der skizzierten Datenmenge ist ein sehr gut funktionierendes Datenmanagement eine wesentliche Voraussetzung. Hierfür stehen mehrere Hilfsmittel bereit – u. a. ein detaillierter Maßnahmenplan, der beschreibt, welche Daten erforderlich sind und was bei deren Auswertung zu beachten ist. Für die meisten Daten existieren vorprogrammierte Abfragen, die ohne großen Aufwand in den Reportingsystemen der Banken und Sparkassen ausgeführt werden können. Wo dies nicht möglich ist, gibt es konkrete Anleitungen zur Identifikation und Bereitstellung der erforderlichen Informationen. Nach der Datenlieferung erfolgt ein umfangreicher Check der Unterlagen. Hierbei wird geprüft, ob die gelieferten Dateien qualitativ sowie quantitativ richtig und vollständig bereitgestellt wurden. Nach der Aufbereitung, Vernetzung und Verdichtung werden noch einmal einzelne Datensätze, insbesondere bei Auffälligkeiten, mit den Daten aus dem Kernbanksystem abgeglichen. Durch die beschriebenen Punkte wird für die nachfolgende Auswertungsphase eine akkurate und verlässliche Datenbasis gewährleistet.

4. Simulations- und Analysetool

Für die Analyse wurde ein Simulations- und Analysetool entwickelt. Damit werden alle Daten eingelesen und stehen dann für die weitere Prüfung zur Verfügung. Aktuell besteht die Datenbank aus etwa 300 programmierten Abfragen[28]. Alle in den bereits durchgeführten Projekten hinzugewonnenen Erkenntnisse fließen in eine ständige Weiterentwicklung des Auswertungsspektrums ein, wodurch sich auch der Analyseumfang stetig erweitert und neue Potenziale aufgezeigt werden können. Die Abfragen sind in die acht bereits vorgestellten Themenfelder (vgl. Abschnitt II. 1.) geclustert. Das Analysetool liefert in der Regel aggregierte Werte, bietet aber auch die Möglichkeit, diese auf Ebene des Einzelkunden und des einzelnen Kontos zu plausibilisieren.

---

[28] Diese Abfragen werden miteinander verknüpft und bauen teilweise aufeinander auf.

Abbildung 3: Auszug Datenmodell Erlösnavigator

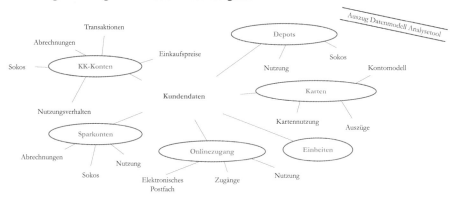

IV. Erfahrungen und Ergebnisse aus bisherigen Projekten

1. Allgemeine Erfahrungen und Ergebnisse

In den vergangenen sechs Jahren konnte der Erlösnavigator bereits bei mehr als 80 Banken und Sparkassen bundesweit mit Erfolg umgesetzt werden. Diese Institute hatten Bilanzsummen zwischen 200 Mio. EUR und 8,9 Mrd. EUR und unterschiedliche Historien, z. B. eine vorangegangene Fusion oder die abgeschlossene Migration auf ein neues Kernbanksystem. Dabei ließ sich feststellen, dass normiert auf eine Bilanzsumme von 1 Mrd. EUR die Größe des zu analysierenden Hauses nur unzureichend Indizien dahingehend liefert, wie hoch das zu erwartende Potenzial sein wird. Hierbei ist die individuelle Situation der Bank oder Sparkasse entscheidend. Dies lässt sich auch daran erkennen, dass das Potenzial je 1 Mrd. EUR Bilanzsumme zwischen 44 TEUR und 440 TEUR schwankt. Tendenziell ist es aber so: Je größer die Geldinstitute werden, desto mehr Themenfelder wurden bereits selbst optimiert. Das führt zwar dazu, dass hier in der Regel weniger mit Potenzial behaftete Einzelmaßnahmen identifiziert werden können als bei kleineren Regionalbanken, diese aber durch die größere Anzahl an Kunden und Konten in Summe gewichtiger sind.

Die nachfolgende Abbildung gibt einen Überblick über die einzelnen Potenzialfelder und die Zusammensetzung des durchschnittlichen Gesamtpotenzials. Hierbei lässt sich deutlich erkennen, dass es drei hauptsächliche Themenfelder gibt, in denen Potenziale identifiziert werden können. Diese sind einerseits der Bereich der Karten, andererseits der Bereich der Verdeckten Sokos und der Bereich Auffälligkeiten in der Nutzung der vorhandenen Produkte. Im Rahmen der Priorisierung der einzelnen Maßnahmen hat sich gezeigt, dass insbesondere jene aus dem Themenfeld der Produktverschlüsselung sowie aus dem Bereich der Buchungsverschlüsselung als kurzfristig umsetzbar eingestuft werden. Berücksich-

Erlösnavigator – Optimierung durch Systemeinstellungen

tigt man alle Maßnahmen, die kurz- bis mittelfristig umgesetzt werden sollen, dann kann hier von ca. 63 % aller identifizierten Potenziale gesprochen werden (vgl. Abbildung 4).

Neben der Betrachtung der mittleren Gesamtpotenziale auf Ebene der Themenfelder befasst sich Abbildung 5 mit der Verteilung der Potenziale aller untersuchten Banken und Sparkassen je Themenfeld. Die daraus resultierenden Ergebnisse werden für eine bessere Vergleichbarkeit einheitlich auf eine Bilanzsumme von 1 Mrd. EUR[29] normiert. Für eine kompakte Darstellung wurde jeweils ein Boxplot-Diagramm erstellt. Dieses liefert auf einen Blick eine gute Übersicht hinsichtlich wichtiger Lage- und Streuungsmaße der identifizierten Potenziale. Hierbei bildet der graue Kasten den Bereich zwischen dem oberen und dem unteren Quantil ab. Der durch diesen Kasten horizontal verlaufende Doppelpfeil (auch Whisker genannt) stellt grundsätzlich das Minimum bzw. das Maximum dar. Sollte jedoch ein Ausreißer einen größeren als den 1,5-fachen Interquartilsabstand aufweisen, so ist dieser mit einem x gekennzeichnet. Auffällig ist hier, dass dies bei allen Themenfeldern abgesehen von den Bereichen der Altprodukte, Restanten und Sonderkonten häufiger der Fall ist. Dabei handelt es sich aber nicht wie möglicherweise vermutet um immer die gleichen Banken respektive Sparkassen. Ausreißer können zudem unabhängig von der jeweiligen Bankgröße vorhanden sein.

---

[29] Die Bilanzsummen beziehen sich auf die Werte aus 2020.

Abbildung 4: Verteilung arithmetisches Mittel der Potenziale in EUR nach Themenfeldern und je 1 Mrd. EUR Bilanzsumme

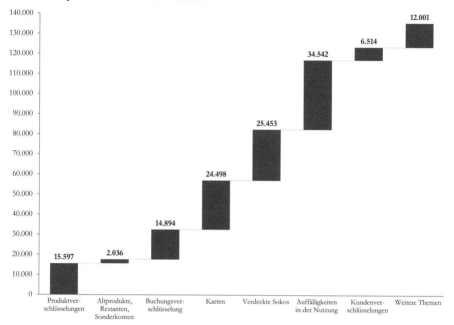

Erlösnavigator – Optimierung durch Systemeinstellungen

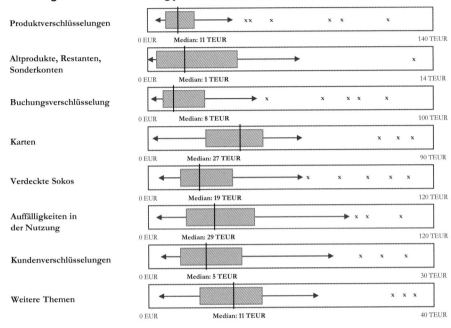

Abbildung 5: Potenzialaufteilung je Themenfeld und 1 Mrd. EUR Bilanzsumme

Bei der Betrachtung aller Themenfelder hinsichtlich der allgemeinen Streuung fällt auf, dass sich die Potenziale meist um den Median bzw. den Mittelwert und damit innerhalb des grauen Kastens bewegen (je kleiner der Kasten, desto geringer die Streuung zwischen den untersten 25 % und den obersten 25 %). Aber auch außerhalb des so statistisch definierten Bereichs finden sich immer wieder Werte einzelner Geldinstitute, die als Ausreißer[30] definiert werden. Besonders große Ausreißer, die auf bankindividuelle Besonderheiten zurückgeführt werden konnten, wurden bereits im Vorfeld der Analysen entfernt. Zusammenfassend lässt sich sagen, dass je kleiner der Kasten, desto dichter liegt auch ein Großteil der identifizierten Potenziale zusammen.

Bei der detaillierten Analyse der Verteilungen je Themenfeld ist auffällig, dass es teils einen nennenswerten Unterschied zwischen Median und Mittelwert gibt. Beispielsweise sei hier der Bereich Auffälligkeiten in der Nutzung genannt, bei dem die Differenz zwischen Median und Mittelwert mehr als 5.000 EUR ausmacht und die Spannbreite der Potenziale zwischen 1 TEUR und knapp 105 TEUR liegt. Dies zeigt, dass es in diesem Themenfeld bei einzelnen Banken und Spar-

---

[30] Als Ausreißer werden bei dieser Form der Darstellung alle Werte verstanden, die den 1,5-fachen Wert der Boxgröße über- bzw. unterschreiten. Die Pfeile stellen jeweils den ersten bzw. den letzten Wert dar, der zwar außerhalb der Box liegt, aber den 1,5-fachen Wert nicht über- bzw. unterschreitet.

kassen nennenswerte Ausreißer gibt, die den Mittelwert deutlich nach rechts beeinflussen. Dies kann verschiedene Ursachen haben. So können bestimmte Themenfelder vonseiten der Banken und Sparkassen lange nicht mehr untersucht und bereinigt worden sein. Oftmals ergeben sich aus Migrationen auf ein neues Kernbanksystem signifikante Potenziale. Auch durch Fusionen können die Potenzialerwartungen deutlich übertroffen werden. Grundsätzlich gilt, dass die identifizierten Potenziale je Themenfeld bei Regionalbanken ähnlich ausfallen.

Darüber hinaus gilt es anzumerken, dass im Laufe der Jahre neue Analysefelder aufgetan wurden, während vereinzelt bestehende Analysefelder an Bedeutung verloren haben. Daher ist auch die Potenzialindikation als dynamischer Prozess zu betrachten.

2. Erfahrungen bei Genossenschaftsbanken

In den vergangenen Jahren wurde bei einer Vielzahl von Genossenschaftsbanken der Erlösnavigator bereits erfolgreich durchgeführt. Dabei hat sich gezeigt, dass die Zusammensetzung der Potenziale hochindividuell ist. Ein Muster lässt sich hier nur bei wenigen Punkten feststellen, die häufig mit nennenswerten Potenzialen belegt sind. Aus der Erfahrung heraus gibt es aber zwei Faktoren, bei denen die Durchführung des Erlösnavigators besonders empfehlenswert ist. Der erste Faktor ist eine kürzlich durchgeführte Fusion, nach der die Datenbestände der einzelnen „Altbanken" auf eine gemeinsame neue Datenbasis vereint werden sollen und hier im Detail oft das Credo gilt „funktionieren vor optimieren". Der zweite Faktor ist eine für die kommenden Monate geplante Optimierung von Preispunkten. Begründung dafür ist, dass der Erlösnavigator im Vorfeld Transparenz schafft und auch die Hebung von Potenzialen aus Anomalien (mit Zustimmungsbedarf des Kunden) im Rahmen einer einzigen Ansprache erfolgen kann.

Im Folgenden werden häufig zu beobachtende Phänomene im Rahmen der Datenanalyse erläutert. Zu nennen ist hier beispielsweise die fehlerhafte oder sogar komplett fehlende Abrechnung von bestimmten Buchungs- und Arbeitsposten. Das bedeutet, dass einem Kunden nicht die korrekte Anzahl an Posten in Rechnung gestellt wird oder aber, dass zumeist unbewusst bestimmte Buchungsarten gänzlich aus der Berechnung herausgenommen werden. Im Rahmen der Untersuchung werden die tatsächlichen Kontoumsätze mit dem Abrechnungsergebnis jeder Buchungsart abgeglichen. Somit lässt sich sehr genau erkennen, ob alles korrekt abgerechnet wird. Durch die Korrektur der Einstellungen kann über einen sehr einfachen Prozess eine nachhaltige Ertragswirkung realisiert werden. Wichtig ist in diesem Kontext zu erwähnen, dass eine Realisierung dieser Potenziale auch ohne die explizite Einwilligung des Kunden möglich ist. Dies liegt daran, dass es sich hier lediglich um die richtige/umfassende Abrechnung bereits vereinbarter Preispunkte handelt.

Neben der fehlerhaften Berechnung der Stückzahlen lassen sich oft auch falsch eingepflegte Preisparameter identifizieren. Hier wurde zwar die richtige Anzahl in Rechnung gestellt, der Preis für die Leistung

Erlösnavigator – Optimierung durch Systemeinstellungen

stimmt aber nicht mit dem vereinbarten Preis überein. Dies liegt in der Regel daran, dass der betreffende Buchungstyp der falschen Abrechnungsgruppe zugeordnet ist oder mangels Zuordnung fälschlicherweise in der Restegruppe landet.

Auch auf der Kundenseite finden sich Vorgänge, die eine Bank viel Geld kosten und im ersten Moment nicht direkt erkennbar sind. So gibt es z. B. pro Abhebung an einem Geldautomaten einer anderen Genossenschaftsbank innerhalb der genossenschaftlichen Bankengruppe eine interne Leistungsverrechnung, bei welcher der Bank des Kunden ein fester Betrag in Rechnung gestellt wird. Nutzt ein Kunde regelmäßig einen Geldautomaten in diesem Netz, so entstehen für die Bank hohe Kosten, die in der Regel nicht an den Kunden weitergegeben werden. Bei den begleiteten Projektbanken ist festzustellen, dass immer mehr Institute eine Freipostenregelung einführen. Die durch Abhebungen über den Freiposten hinaus entstehenden Kosten werden an die eigenen Kunden weitergegeben. Wichtig dabei ist, dass es sich hier um die Einführung eines neuen Preispunkts handelt, der einer Zustimmung des Kunden bedarf.

3. Erfahrungen bei Sparkassen

Nahm der Erlösnavigator als Werkzeug zur Aufdeckung von Kosteneinspar- und Ertragssteigerungspotenzialen bei Genossenschaftsbanken seinen Anfang, so lassen sich die Analyseansätze auch auf den Sparkassensektor übertragen. Dies konnte in mittlerweile mehreren Projekten unter Beweis gestellt werden. Hierbei wurden Potenziale in ähnlicher Größenordnung wie bei Genossenschaftsbanken gefunden. Da Sparkassen hinsichtlich der durchschnittlichen Bilanzsumme im Vergleich zu den meisten Genossenschaftsbanken größer sind, ziehen identifizierte Fehlverschlüsselungen oftmals sogar signifikante Potenziale nach sich.

Während sich die meisten Analysen ohne Probleme auf Sparkassen anwenden lassen, gibt es dennoch einige Besonderheiten zu beachten. Offensichtlich ist, dass es in Sparkassen keine Mitgliedschaften und damit auch keine Mitgliedsanteile gibt. Dadurch werden einige Auswertungen obsolet. Wie bereits in Abschnitt II. 3. beschrieben unterscheidet sich auch die Buchungsverschlüsselung deutlich von der Logik im genossenschaftlichen Sektor. Gleichwohl konnten auch in den ersten Projekten mit Sparkassen durch Fehlverschlüsselungen und kostenfreie Buchungen, die nicht zwangsläufig kostenfrei durchgeführt werden müssten, bedeutende Potenziale identifiziert und gehoben werden.

In den Bereichen der Produktverschlüsselungen, der Altprodukte, Restanten und Sonderkonten sowie der Karten lassen sich mit den in Abschnitt II. 1. beschriebenen Ansätzen ebenfalls signifikante Potenziale aufzeigen.

Bei den verdeckten Sonderkonditionen werden neben den beschriebenen Sonderkonditionen außerhalb der Kontoführung außerdem noch Rabattierungen beim Wertpapierhaus der Sparkassen, der Deka, analysiert.

Auch bei den Kundenverschlüsselungen und den weiteren Themen lassen sich die bewährten Analyseansätze auf Sparkassen übertragen.

4. Erfahrungen bei weiteren Bankengruppen und im Ausland

Der Großteil der Erlösnavigatorprojekte fand im Genossenschaftssektor bei Volks- und Raiffeisenbanken statt, und auch unter den Genossenschaftsbanken gibt es Unterschiede. In Projekten mit PSD-Banken, die ebenfalls den Genossenschaftsbanken zuzurechnen sind, gilt es zu beachten, dass überwiegend Privatkundengeschäft betrieben wird. Auswertungen zu Firmenkonten und -kunden sind daher nur teilweise möglich.

Der Erlösnavigator ist nicht ausschließlich auf den deutschen Markt beschränkt, sondern lässt sich auch auf ausländische Märkte anwenden. In einem ersten Projekt bei einer Privatbank in Österreich konnten ebenfalls erhebliche Potenziale aufgezeigt werden. Zu Beginn des Projekts fanden ausführliche Gespräche mit den Fachexperten der Bank statt, um die bank- und länderspezifischen Besonderheiten kennenzulernen. So bestehen beispielsweise Unterschiede bezüglich der Begrifflichkeiten: Tagesgeldkonten sind in Österreich nicht geläufig, und Girocards respektive Sparkassen-Cards werden als Bankomatkarten bezeichnet. Darüber hinaus bestehen bankindividuelle Besonderheiten: Exemplarisch kann hier das Themenfeld Buchungsverschlüsselung angeführt werden. In dem betreuten Institut gibt es etwa 250 sogenannte Textsigel, die in 30 Buchungsgruppen überführt und kundenspezifisch bepreist werden. Ein Textsigel gibt dabei die Art der Buchung an, sei es die Kontoführungsgebühr, eine Überweisung oder ein Wertpapierkauf.

Als Beispiel für eine länderspezifische Besonderheit kann die Indexierung von Preisen angeführt werden: Preise für Dienstleistungen werden anhand des Inflationsgeschehens automatisch einmal im Jahr angepasst. Preisanpassungen seitens der Bank benötigen schon seit einigen Jahren die aktive Zustimmung des Kunden, so wie es der BGH in Deutschland im April 2021 ebenfalls beschlossen hat. Auch mit Blick auf die Rechenzentren offenbaren sich Unterschiede zum deutschen Markt. Großbanken in Deutschland nutzen überwiegend maßgeschneiderte Systeme, oftmals auf SAP-Basis. Genossenschaftsbanken nutzen fast ausschließlich agree21, Sparkassen OSPlus. Dagegen ist die IT-Infrastruktur in Österreich deutlich zerklüfteter und trotz des kleineren Bankenmarkts durch eine Vielzahl von zumeist kleinen Anbietern gekennzeichnet.

Unter Berücksichtigung dieser Punkte konnte auch in Österreich das erste Pilotprojekt zum Erlösnavigator Ende 2021 erfolgreich abgeschlossen werden.

V. Fazit und Ausblick

Unsere Erfahrungen zeigen, dass die Ertrags- und Kostenoptimierung bei vielen Banken und Sparkassen weiterhin ein relevantes Thema darstellt. Mit Blick auf die Niedrigzinsphase sowie andere externe Einflussfaktoren wird sich das auf absehbare Zeit auch nicht ändern. Wie bereits im Detail beschrieben lohnt es sich, nicht nur punktuelle Prüfungen vorzunehmen,

Erlösnavigator – Optimierung durch Systemeinstellungen

sondern den kompletten Datenbestand zu analysieren. Daraus ergeben sich zahlreiche Ansatzpunkte, die Ertragslage der Bank oder Sparkasse zu verbessern und fehlerhafte Einstellungen zu erkennen. Zudem ist es sinnvoll, auch auf den ersten Blick versteckte Themenfelder zu beleuchten. Darin verbergen sich oftmals zwar nur relativ geringe Potenziale, die isoliert betrachtet zu vernachlässigen wären. In der Gesamtbetrachtung summieren sich diese jedoch auf einen Betrag von mehreren Tausend Euro.[31]

Selbst bei großen Geldinstituten, die sich bereits mit vielen Themenfeldern umfangreich beschäftigt haben, lassen sich weitere Potenziale identifizieren. Eine Aussage im Rahmen eines Entscheiderworkshops brachte dies treffend auf den Punkt: „Als Bank hätten wir es nie geschafft, in dieser kurzen Zeit und mit der bestehenden Anzahl an Mitarbeitern, die ganzen Themen zu analysieren und zu bewerten." Der einschränkende Faktor ist hier weniger die Qualifikation der jeweiligen Mitarbeitenden, sondern vielmehr deren begrenzte Zeit und deren zunehmend hohe Auslastung. Mit der steigenden Anzahl an Regeltätigkeiten und den stetig neuen gesetzlichen Anforderungen fehlt oftmals die Zeit, komplexe Analysen und Bewertungen in den Datenbeständen durchzuführen.

Durch das bereits erläuterte strukturierte und praxiserprobte Vorgehensmodell kann eine zeitnahe und nachhaltige Realisierung sichergestellt werden. Da die einzelnen Handlungsfelder bereits im Rahmen des Entscheiderworkshops priorisiert und mit Verantwortlichkeiten versehen werden, kann direkt im Anschluss die Umsetzung beginnen.

Abschließend lässt sich sagen, dass sich die Durchführung des Erlösnavigators für alle Banken und Sparkassen lohnt. Das liegt daran, dass im Rahmen der Analysen einerseits eine Überprüfung bestehender Systemeinstellungen vorgenommen wird und sich andererseits die umgesetzten Potenziale bereits nach kurzer Zeit positiv auf das Betriebsergebnis auswirken. Die Erfahrung hat zudem gezeigt, dass sich die Aufwände zur Durchführung des Erlösnavigators innerhalb von wenigen Monaten amortisieren und die erkannten Zusatzerträge bzw. Kosteneinsparungen dauerhaft zur Verfügung stehen.

---

[31] Die individuelle Höhe ist abhängig von der Ausgangssituation und der Größe der Bank/Sparkasse.

M. Mehrwertleistungen in digitalen und regionalen Ökosystemen als neues Spielfeld der Banken, um das Preis-Leistungs-Verhältnis neu zu definieren und Provisionserträge zu generieren

I. Einführung in das wachsende Feld des Mehrwertmarketings

In Deutschland ist das Retailbanking mit Privatkunden ein Commodity-Geschäft: Die extreme Anbieterzahl, absolute Vergleichbarkeit und stetig anonymeren Kundenbeziehungen führen dazu, dass insbesondere Regionalbanken mit langfristig sinkenden Kundenzahlen und Erträgen kämpfen. Über Jahre wurde vor allem das Ankerprodukt „Girokonto" mit kostenlosen Lockangeboten in der Kundenwahrnehmung „entwertet". Doch an der Preisspirale ist in 2022 nicht mehr nach unten zu drehen – im Gegenteil: Selbst Direktbanken sehen sich angesichts der neuen Rahmenbedingungen und angespannten Ertragslage dazu gezwungen, Gebühren einzuführen bzw. zu erhöhen. Die Ära der vornehmlichen Preisdifferenzierung, im Besonderen für Regionalbanken, neigt sich rapide dem Ende zu.

Wer beim Preis-Leistungs-Verhältnis langfristig erfolgreich sein möchte, tut gut daran, seinen Privatkunden auf der Leistungsseite auch mehr zu bieten. Da dieses „Mehr" aus der reinen Bankleistung heraus – für den Kunden spürbar und relevant – kaum darstellbar ist, hat sich in den letzten Jahren ein neues Wachstumsfeld für Banken ergeben: das Mehrwertmarketing.

Diese Disziplin zahlt unmittelbar auf die Neuentwicklung der Rolle der Bank als digitale sowie regionale Plattform für Endkunden ein: Reichweite und Kundendaten sind schon da – es fehlen „nur" noch die passenden Inhalte. Diese sind nicht mehr nur ausschließlich in Bankthemen zu finden, sondern vor allem in relevanten Kundenalltagsthemen außerhalb des Bankings – Beyond Banking.

Genau hier eröffnet das Mehrwertmarketing der Bank unzählige Möglichkeiten der näheren Positionierung am Kundenbedarf. Und darum soll es im Folgenden gehen: Was ist Mehrwertmarketing, welche Kategorien und Umsetzungsmöglichkeiten ergeben sich – aber vor allem: Was kann die Bank daraus machen?

1. Wirksame Differenzierung mit Mehrwertleistungen anhand des Schalenmodells

Dass es schon immer sinnstiftend war, sich wirksam vom Wettbewerb zu differenzieren, um langfristig erfolgreich zu sein, ist auch für das Retailbanking in Deutschland keine grundsätzliche Neuigkeit. Anhand des Schalenmodells von Homburg, Staritz und Bingemer[32] wird deutlich, dass Zusatzdienstleistungen noch vor Marke und dem Beziehungsmanagement zu einer wahrgenommenen Unterscheidung im Vergleich zum Wettbewerbsprodukt in einem „commoditisierten" Marktumfeld beitragen.

---

[32] *Homburg, C.; Staritz, M.; Bingemer, S.*: Wege aus der Commodity-Falle. Der Product Differentiation Excellence-Ansatz, in Management Know-how, Papier M112, Institut für marktorientierte Unternehmensführung, Seite 2.

Abbildung 1: Produktkern und Produktschalen

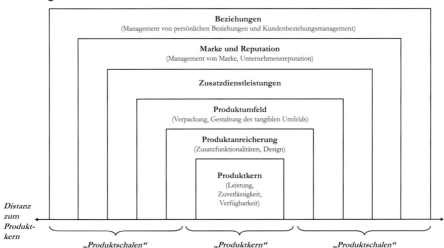

Insbesondere vor dem Hintergrund der Komplexität einer aktiven Gestaltung durch die Bank und des daraus folgenden Ressourcenbedarfs sticht das Mehrwertmarketing heraus, denn Beziehungen (5. Schale) und Marke (4. Schale) lassen sich häufig nur durch langfristige Initiativen der Bank wirklich nachhaltig in der Kundenwahrnehmung ändern.

Im direkten Produktumfeld (Schalen 1 und 2) lässt das klassische Bankprodukt in seiner immateriellen Art nur wenig Spielraum übrig. Zusatzdienstleistungen (Schale 3) dagegen lassen sich heute sowohl technisch als auch kommunikativ mit geringen Mitteln zur wahrnehmbaren Differenzierung für den Privatkunden einsetzen.

2. Typen von Mehrwertleistungen

In der Praxis setzen Banken Mehrwertleistungen aus zwei grundsätzlich verschiedenen Kategorien ein: Rabatte, Cashbacks und exklusive Vorteile sowie Sicherheits- und Komfortleistungen.

a) Rabatte, Cashbacks und exklusive Vorteile

Die Ausprägungsarten in dieser Kategorie sind weitreichend. Die erfolgreichsten Bankprogramme aus diesem Bereich setzen eine Mischung aus regionalen sowie nationalen Vorteilen ein:

Insbesondere für Regionalbanken stellen regionale Vorteile ein erhebliches Differenzierungsmerkmal mit starkem Bezug zur Marke dar: Durch für den Kunden und Partner einfach nutzbare Technik entstehen lokale Ökosysteme mit erheblichem Markenvorteil für die Bank. Für den Kunden einfach und relevant sowie für den Partner messbar und beeinflussbar muss das Angebot dabei sein.

Gleichzeitig können sich Banken im Umfeld der nationalen Einkaufsvorteile dahingehend positionieren, dass Vorteile bei E-Commerce-Partnern, Reiseanbietern oder Ticketbörsen aufgrund des digitalen Zahlungsverkehrs in den Checkout-Strecken eine gefühlte Nähe zum Bankprodukt haben. Wird das Cashback dann auch noch wirksam mit dem Bankprodukt verknüpft („Shoppen für die Rente"), entstehen Marketingselbstläufer und neue Kundengeschichten.

b) Sicherheits- und Komfortleistungen

Im Umfeld der Sicherheits- und Komfortleistungen ist wiederum eine stufenhafte Entfernung vom Kernprodukt Bankleistung möglich: Werden rund um die Uhr verfügbares Notfallbargeld, eine Bargeldversicherung oder ein Kartensperrservice vom Endkunden noch als Erweiterung des Bankprodukts wahrgenommen, können Mehrwertleistungen die Leistungsspanne der Bank stark verlängern.

Mit Leistungen wie der Garantieverlängerung für Elektrogeräte beim Kauf über die Kreditkarte, der integrierten Handwerkernotfallhilfe in der Baufinanzierung oder dem aktiven Schutz der digitalen Identität mit automatischem Alarm bei Datenmissbrauch als Feature des Kontos können Banken die Leistungswelten ihrer Produkte sehr kreativ vergrößern.

Am Ende des Tages hängt es vom jeweiligen Projektziel ab, welche Leistung und vor allem auch welche Form der Integration für die Bank dabei die richtige ist:

c) Einführung der grundsätzlichen Umsetzungsmöglichkeiten: Bundling und Cross-Selling

In der Praxis bieten sich der Bank zwei Umsetzungsmodelle:

Im Bundling sind die Mehrwertleistungen integraler Bestandteil des Produktangebots der Bank. Ein bekanntes Beispiel hierfür sind Reiseversicherungen als Teil hochpreisiger Kreditkartenprodukte. Die Bank ist in diesen Fällen Vertragspartner des Kunden und stellt ihm zusätzliche Produktkosten sowie eine Marge in Rechnung.

Im Cross-Selling sind die Mehrwertleistungen gerade nicht Bestandteil des Bankprodukts, sondern werden vom Privatkunden separat beauftragt und bezahlt. Vor allem im Umfeld des aktiven Vertriebs von Mehrwertpaketen wie dem Portemonnaie-Schutzbrief, dem Identitätsschutz oder der erweiterten Absicherung von Elektrogeräten im Haushalt generieren Banken auf diese Weise zusätzliche Provisionserlöse außerhalb ihrer klassischen Verrechnungsmodelle.

II. Umsetzungsmöglichkeit 1: das Bundling

1. Argumentation für höhere Bankpreise in Zeiten post-stillschweigender Zustimmung

Mit der Entscheidung des Bundesgerichtshofs im Jahr 2021 wird dem Bankkunden im Sinne des Verbraucherschutzes ein aktives Zustimmungsrecht bei Änderungen der

Nutzungsbedingungen seines Produkts eingeräumt. Kurzum: Der Privatkunde soll es verstehen und aktiv zustimmen, wenn sich Preis/Leistung seines Produkts ändern. Im Gegenzug sorgen die Entwicklungen im Retailbanking dafür, dass Banken mehr als je zuvor mit Änderungen in ihren Preismodellen ihre Erträge sichern müssen. Es gibt seitens der Bank also großen Gesprächsbedarf mit dem Kunden. Auf der Kundenseite dominiert dabei die zentrale Frage: „Wofür soll ich denn jetzt mehr bezahlen, wenn Direktbanken und Neobanken z. B. das Produkt Girokonto kostenlos anbieten?"

Mehrwertleistungen bieten der Bank ein vollständig neues Spielfeld in der Argumentation solcher Gebührenanpassungen. Auch wenn sich nicht jeder Privatkunde auf die Diskussion einlässt: Die Bank bietet ein echtes, greifbares, relevantes Mehr mit Mehrwertleistungen. Durch den Alltagsnutzen vieler Einzelleistungen verlässt sie das Spielfeld der reinen (und häufig am Ende schmerzhaften) Diskussion um Einzelpreise und kann sich im Wettbewerb profilieren.

2. Der „Buffet-Effekt" im Bundling von Leistungen

In der Regel ist es die Mischung von Rabatten und Sicherheitsleistungen, die den Erfolg ausmacht. Zu heterogen sind die Kundenbedürfnisse in der breiten Masse der Privatkunden der Bank, als dass eine Mehrwertleistung alleine schon den Unterschied macht: Wenn das „neue" Konto die heterogenen Kundenbestände der Bank erreichen soll, dann muss es den unterschiedlichen Bedarfssituationen in den Kundengruppen gerecht werden. Die Kombination aus Rabatten und Sicherheitsleistungen spricht hier empirisch die breiteste Zielgruppe an.

Ähnlich wie das Angebot am Hotelbuffet ist nicht das gesamte Leistungsangebot für alle Privatkunden gleich relevant; es sind vor allem Einzelleistungen, die für einzelne Endkunden aus unterschiedlichsten Gründen von Bedeutung sind. Würde das Hotelbuffet jedoch nur aus einem, eben genau diesem Angebot bestehen, erzeugte es beim Kunden trotz maximaler Relevanz dennoch kein ausgewogenes Preis-Leistungs-Gefühl.

Häufig komplementär zum Bundling werden Mehrwertleistungen als optionales Zukaufpaket angeboten.

III. Umsetzungsmöglichkeit 2: das Cross-Selling

1. Grundlagen des Mehrwert-Cross-Sellings

Bietet die Bank die Mehrwertleistungen als optionale, zukaufbare Leistung an, entsteht sofort die Folgefrage: Wie läuft der Vertrieb ab?

Bereits heute sehen sich Mitarbeitende in den Filialen mit einer immensen und sich stetig veränderten Produktwelt ihrer Bank konfrontiert. Den „nischigen" und kleinteiligen Mehrwertangeboten wird dort wenig Aufmerksamkeit geschenkt. Auf der anderen Seite haben zahlreiche Banken mit deutlich mehr als 10 % Abschlussrate auf die angebotenen Mehrwertdienste wiederholt gezeigt, dass sie optimal positioniert sind, um diese Ertragspotenziale zu heben.

Grundsätzlich sind es vor allem zentralisierte Kampagnen über das Onlinebanking oder Telemarketing, die ressourcenschonend und hochwirksam Erfolge bringen. Zwar muss der Vertrieb für die jeweilige Kampagne „abgeholt" werden, die Umsetzung erfolgt jedoch über die zentralen Funktionen der Bank.

2. Der Provisionshebel

Auch wenn die Deckungsbeiträge im direkten Vergleich absolut überschaubar wirken, ist es die Kombination aus Provisionsertrag und Abschlussquote, welche die Relevanz dieses Geschäftsfelds in der Zukunft für die Bank ausmachen wird: Bei einem Produktpreis von ca. 80 EUR netto pro Jahr generieren Banken heute bis zu 30 EUR Zusatzertrag – pro Jahr! Multipliziert mit den hohen Abschlussquoten im Direktvertrieb schlummert im Kundenbestand einer 100.000-Privatkunden-Bank ein Zusatzertrag aus dem Vertrieb von Mehrwertprodukten von 300.000 EUR – pro Jahr. Dabei gibt es heute bereits zahlreiche Primärbanken, die sequenziell Kampagnen nacheinander fahren. Experten schätzen, dass ca. 50 % der Bankkunden für ein oder mehrere Mehrwertprodukte zu gewinnen sind. Für die 100.000-Privatkunden-Bank ergibt dies ein mittelfristiges Ertragspotenzial von mehr als 4 Mio. EUR[33] innerhalb von drei Jahren.

3. Die Renaissance des Telemarketings bei Banken

Insbesondere der direkte Kundenkontakt aus den zentralisierten und telefonischen Kundenschnittstellen hat sich in der Praxis als wirksam erwiesen: Getragen von der Welle zunehmend qualifizierter Werbeeinwilligungserklärungen und steigender Datenqualität in den Banken ist der Privatkunde heute für die Bank besser erreichbar denn je. Durch eigens geschulte Vertriebsteams und vor allem mit einer kostenlosen Probezeit kommen die Kampagnen schnell und effektiv auf relevante Abschlussquoten. Kundenbefragungen ergeben, dass bei professioneller Betreuung dieser Kampagnen die Kundenzufriedenheit gemessen am Net Promoter Score nach der Ansprache im Durchschnitt sogar noch steigt.

4. Das Bank-Asset Online-Traffic optimal für Cross-Sellings nutzen

Gleichzeitig besitzt die Bank mit dem hochfrequentierten Onlinebanking eine äußerst wirksame digitale Kundenschnittstelle. Auf Basis entsprechender Selektionen lassen sich Kampagnen zum Verkauf von Mehrwertleistungen nach Zielgruppen einstellen und teilweise fallabschließend im Banking umsetzen. Dabei ist es vor allem die

---

[33] 100.000 Kunden * 50 % Abschlussquote über den potenziellen Kundenbestand = 50.000 Abschlüsse * 30 EUR Zusatzertrag pro Jahr = 1,5 Mio. EUR * 3 Jahre = 4,5 Mio. EUR.

geringe Komplexität der Mehrwertprodukte, welche den Unterschied zu anderen Cross-Selling-Angeboten ausmacht: Die Kampagnen sind schnell eingerichtet, bedürfen keiner komplexen Abschlussstrecken, sind für große Teile der Privatkunden grundsätzlich relevant und erfreuen sich hoher Resonanz.

IV. Die Kombination beider Umsetzungsmöglichkeiten: der Kontokonfigurator im Rahmen eines digitalen Ökosystems der Bank

1. Bedarfsgerechte Leistungsauswahl für den Kunden

Schon immer hätte das Kundenbedürfnis im Mittelpunkt der Banken stehen sollen. Mit den neuen technischen Möglichkeiten und dem weiten Feld des Mehrwertmarketings kann es dort nun auch spürbar stehen:

Mittels Konfiguratorfunktion im bzw. „angedockt" an das Onlinebanking bestimmt der Privatkunde zukünftig selbst, welche Themenpakete für ihn besondere Relevanz haben und welche Mehrwerte er nutzen möchte (vgl. Abbildung 2)[34]. Mit der Plattform erlangt er erstmalig ultimative Transparenz über die vielen Vorteile und Services, teilweise quasi „unsichtbar versteckt" in den Leistungsbedingungen seiner Bankprodukte, und kann gegen Zuzahlung jederzeit weitere und themenbezogene Mehrwerte für sich aktivieren. Dabei wird wiederum die Mischung aus „gebundelten" Leistungen von bepreisten Konten, Karten etc. und dem spürbar besten und relevanten Zusatzleistungsangebot den Unterschied im Bankenwettbewerb machen.

2. Datengetriebene Kampagnen für maximale Aktivität und Zusatzertrag

Eine besondere Bedeutung ist dabei datengetriebenen Kampagnen zuzuschreiben. Mit steigenden Einwilligungserklärungen in die Auswertung des Zahlungsverkehrs verfügt die Bank über die ultimative Datenbasis für die Antwort der eigentlichen Kernfrage: „Was will der Kunde?".

Mittels Datenanalysen und Korrelationen auf Basis von vergleichbaren, historischen Parametern lassen sich Datenmodelle bilden, die den Weg zu maximaler Kundenrelevanz bei den Zusatzangeboten ebnen. Das Ausspielen der Mehrwertleistungen in den richtigen Zielgruppen, sei es zur Steigerung der Inanspruchnahmequote (z. B. ein Gutschein für einen Tierhandel in der Region nach wiederholtem Kauf im bekannten Onlineshop für Tierbedarf) oder für bedarfsgerechte Mehrwertpakete zum richtigen Zeitpunkt (z. B. das Angebot einer erweiterten Garantieverlängerung bei Kauf eines Elektrogeräts), ist dann die finale Kür.

---

[34] Quelle: www.girolive.de, Sparkasse Osnabrück.

3. Der schnelle Weg zur Umsetzung

Bereits heute gibt es zahlreiche Anbieter am Markt, die sich mit einsatzbereiten Plattformen für sämtliche Module des Mehrwertmarketings auf die neue Bedarfssituation der Banken spezialisiert haben. Weit über die Technologie hinausgehend sind es vor allem Vertriebs- und Vermarktungserfahrung, eine bestehende Auswahl von Inhalten sowie Analytics-Know-how, welche den Grundstein erfolgreicher Plattformen bilden. Dabei sollten Banken im Besonderen darauf achten, dass die Technologie sowie die jeweiligen Angebote integrierbar sind in Onlinebanking & Co. und auf den Datenströmen des Zahlungsverkehrs aufgebaut werden können, um maximale Kundenrelevanz sicherzustellen.

Auch wenn der Alltag von Bankmanagerinnen und -managern in den letzten Jahren angesichts wachsender Herausforderungen im Markt getrübt wurde: Beim Ausblick auf neue Geschäftsmodelle über das Banking hinaus kann durchaus optimistisch in die Zukunft geblickt werden. Alles liegt bereit: Kundenbedarf, Technik, Daten, Angebote, Vertriebswege. Die Bank muss sich nur öffnen.

Abbildung 2: Optionaler Abschluss einer erweiterten Garantieverlängerung für Elektrogeräte einer Sparkasse